"茅舍槿篱溪曲"

"门外春波荡绿"

踏上回归精神故里寻古探幽的旅程，

感受乡土的温暖与润泽，

体味精神家园的馨香。

国家出版基金项目
NATIONAL PUBLICATION FOUNDATION

"十三五"
国家重点图书
出版规划项目

河北高阳

中国历史文化名城·名镇·名村丛书

中国民间文艺家协会 / 组织编写

总主编 / 潘鲁生　邱运华

本卷主编 / 韩增荣　史克己

知识产权出版社
全国百佳图书出版单位
——北京——

《中国历史文化名城·河北高阳》
编委会

主　　任｜黄　明

副主任｜郭立光　刘菊青

主　　编｜韩增荣　史克己

副主编｜宋进良

编　　委｜赵　昱　吴桂良　韩占坡　边振江　郭　菲
　　　　　　王　瑞　程申亮　杨　翠　史记红

摄　　影｜沈　齐　臧哲辉　范宝全　冉　宁

美术绘画｜杨大群

英文翻译｜常玉轩

中国历史文化名城·名镇·名村丛书

积聚海量信息 寻觅科学路径（序一）

邱运华

　　传统村落保护是当下中国文化遗产保护工作中最重要的社会性课题之一。对于一个具有绵延五千年不间断农业文明的民族来说，传统村落能否得到妥善保护更是一个文明能否传承的关键问题。

　　传统村落保护是当代社会发展的普遍问题，不独中国社会存在，西方发达国家存在，东方发达国家也存在。从世界范围看，这是一个国家从欠发达到发达、从农业社会过渡到工业社会、从以农村为主体发展到城镇化生活方式过程中普遍存在的问题。有学者把中国农村经济结构改造、社群建设、新文化建设和整体民生改善工作这一进程，追溯到 20 世纪 50 年代。但我以为，它毕竟不是我们现在所处的整体转向工业化、城市化进程中遇到的课题。中国社会同一性质的乡村保护课题，起源还是世纪之交的 2003 年 2 月 18 日"中国民间文化遗产抢救工程"。2012 年 12 月 12 日，住房和城乡建设部、文化部、财政部联合发布《关于加强传统村落保护发展工作的指导意见》，2014 年 4 月 25 日，除上述三部外又增加了国家文物局，联合发布《关于切实加强中国传统村落保护的指导意见》，两次重申传统村落保护的联合行动。冯骥才先生在 2012 年的一篇文章里把传统村落保护提高到文明传承的高度，我认为非常正确。中国社会各界对传统乡村保护的问题，有着非常积极的呼应。

　　中国是发展中国家，但是从东部、南部和东南部区域看，具有发达国家的基本特征。农村人口从西部向东部、从村落向城镇转移，是1990—2010年之间最重要的社会现象，这一巨大的人口变迁集中表现为城镇人口急速膨胀、传统村落急速空心化，不少历史悠久的自然村落仅仅剩下老人和儿童。因此，传统村落的保护在中国面临的问题，与发达国家相比，具有共同性。例如，从"二战"后恢复到工业化时期，德国和日本先后进行的村落更新或改造项目，具有几个明显特征：一是以激发村落内部活力、发展农村经济作为前提，以改造农村基本生活设施作为基础展开；二是村落更新或再造项目以土地管理法令的再研究作为保障；三是建立了学术界论证、公布更新或再造规划、政府支持的财政额度及投入指向、个性化改造方案与村民意愿表达的有效沟通机制，有效保障村落历史文化、自然风景、公共空间与私人空间等要素。综合来看，先行的国家特别注重传统村落的"民间日常生活"保存问题。

所谓"民间日常生活"的具体含义是什么？乃指传统村落村民群体的方言、交往方式、经济生产活动、衣食住行、生老病死、教育、节日活动、传统风俗、民间信仰活动以及区域性的传统手工艺活动等，以及上述种种的精神性、思想性、文化性、艺术性和物质性表现形态。长期以来，中国传统村落之所以成为民族文化的保留者和传承平台，核心在于保存着这个民间日常生活，它的内容和方式，在民间日常生活的基础上，方可承载不同样式、层次的民族文化。

之所以在这里提出"民间日常生活"作为传统村落的文化基础问题，乃是因为看到目前对待传统村落的两种观点具有一定的欺骗性，并不同程度地主宰和误导了传统村落的基本价值指向。一种是浪漫主义传统村落观，一种是商业主义传统村落观。浪漫主义传统

村落观把传统村落理想化、浪漫化，仿佛传统村落是用来怀旧的，象征着一切美好的自然与人类的和谐，田园风光，日出而作，日落而息，男耕女织，像是《桃花源记》里的武陵源，"不知有汉，无论魏晋"。但是，这不是民间日常生活；民间日常生活还包含在落后生产力条件下的温饱之苦、辛劳之苦，是传统村落里百姓的生活常态；生产关系之阶级阶层压迫、政治强权和无权地位，以及在自然面前束手无策，在兵灾、匪患和种种欺男霸女面前的悲惨状态，甚至中华人民共和国成立以来出现过的政治压迫、思想禁锢和社会运动之灾，是乡村浪漫主义者无法想象的，而这，就是大多数传统村落的民间日常生活。文人雅士，在欣赏田园风光和依依炊烟之时，能否探入茅舍，去看看灶台、铁锅和橱柜，去看看大量农夫、农妇的身子，他们是否仍然饥饿、寒冷？或者他们的孩子是在劳作还是就学？商业主义传统村落观呢，则直接把传统村落改造成伪古典主义的模板，打造成千篇一律的青砖瓦房，虚构出一系列英雄史诗和骑士传奇，或者才子佳人和神异仙境的故事，两者相嫁接，转化为商业价值或者政绩价值，成为行政或市场兜售的噱头，这一行为成为当下传统村落"保护"的常态。这两种传统村落观，一个共同的特点是把村落与民间日常生活相割裂，抹杀了民间日常生活在传统村落里的价值基础，从而，也直接把世世代代生活于这一场景的村民们赶出村落，嫌他们碍事，妨碍了我们的浪漫主义和商业主义梦想；他们不在场，我们可以肆意妄为地文化狂欢。那些在民间日常生活中久存的精神性的、思想性的、文化性的、艺术性的符号，均不在话下。但是，假如村民不在场，社群活力不再，传统村落如何是活态的呢？西方哲学有一个时髦术语，叫作"主体缺失"，因为主体缺失，因而话语狂欢。

关注传统村落的村民，无疑是中国传统村落保护的第一要素。但恰好是人这第一要素构成了传统村落的凋敝和乡愁的产生。

1990 年至 2010 年这二十年，一些区域传统村落里村民流动性的增强，特别是青壮年村民向东部、东南部和南部沿海地区季节性的流动，极大地影响了这些区域传统村落民间日常生活的展开，减弱了传统村落的社群活力，也相应削弱了传统文化活动的开展。这样，构成传统村落民间日常生活的内容慢慢演变成淡黄色、苍白色，成为一种模糊记忆，抑或转化为一年一度的春节狂欢，最后，演变定格成为日常性质的乡愁。民间日常生活不再完整地体现在现在乡村生活之中。那个完整的民间日常生活，在我们不得不离开它的土壤之后，便蜕变为乡愁。乡愁这只蝴蝶的卵，就是民间日常生活。而伴随着乡愁这只蝴蝶而出现的，却是一个个村落日常生活不断凋敝、慢慢消失。乡愁成为我们必须抓住的蝴蝶，否则，我们的家乡便消失在块垒和空气之中，我们千百年创造的文化便无所依凭。然而，据统计，在进入 21 世纪（2000 年）时，我国自然村总数为 363 万个，到了 2010 年，仅仅过去十年，总数锐减为 271 万个。十年内减少约 90 万个自然村。若是按照这个速度发展下去，三年、五年之后，我们的传统村落便所剩无几了。也就是说，出生和成长在这些村落而现在散居在世界各地的人们，将无以寄托他们的乡愁。若是其中有的村落有几百年、上千年甚至更久远的历史呢？若是其中有的村落有着华夏一个独特姓氏、家族、信仰和其他各种人文景观等呢？

越来越多的学者开始从事传统乡村保护的研究工作，例如《人

中国民间文化遗产抢救工程 THE PROJECT TO CHINESE FOLK CULTURAL HERITAGES

民日报》2016 年 10 月 27 日发表了《老宅、流转、新生》为题的介绍黄山市探索古民居保护新机制的文章，还配发了题为《古民居保护，避免"书生意气"》的评论；《中国文化报》2016 年 10 月 29 日发表了题为《同乡村主人一起读懂文化传承》的文章，提出了"新乡村主义"的概念，在它的题目之下，包含有乡村治理、乡村重建和乡村产业化的多功能孵化等内容。为此，文章提出了"政府在制定政策方面、标准化编列预算、聘请专家团队和 NGO 组织，进行顶层设计、人才培养、产业孵化和公共服务"四项基本措施，还配发了《莫让古民居保护负重前行》的文章。《光明日报》2016 年 11 月 15 日发表了题为《福建土堡：怎样在发展中留住乡愁》的报道，记叙了专家考察朱熹故乡福建三明尤溪土堡的过程；记者报道了残存的土堡现状，记录下专家们的意见：政府与社会资本合作的"PPP 模式"，面对乡村人口日趋减少的不可逆现实，应该吸引城市中的人回到乡村，将土堡打造为"民宿"，在不破坏现有形制的前提下，实现功能更新。也有专家提出，就保护而言，首先应该考虑当地人，人的利益是优先的，只有做到长期发展而不是只顾短期利益，文化遗产保护事业才能够持续发展，等等。

上述建议，已经超越了简单的乡愁情怀，而诉诸国家土地法规、资金筹措模式、专家功能实现等层次。应该说，在越来越深入研究、讨论的基础上，对传统村落保护的思路越来越宽了，为政府制定传统村落保护法提供了良好的基础。在国家立法的基础上，国家、地方政府组织专家开展普查，确认传统村落的级别，分别实施不同层次的激活、保护、开发，才有坚实的基础。

我理解，通过专家学者的普查、认定，得出的结论一定会有利于政府形成健全完备的保护方案和具体操作措施。一方面，对仍然有社群活力的乡村，实施新农村建设规划，改善其经济机制，改建生活设施，改善村民的生活条件，把工作重点聚焦到提高农业产业框架基础、为居民提供更好的生活环境、增强村庄文化意识、保存农村聚落特征上来。另一方面，为有着特殊文化传承却逐渐凋敝，甚至失去社群活力的乡村，探索一套完善保护的工作模式，形成一种工作机制，并得到国家法规政策的支持和保障，包括土地规划、投资体制、严格的环境保护，建立严格的农民参与机制等，为保留故乡记忆、记住我们的乡愁，留下一系列艺术博物馆、乡村技艺宾馆，产生具有独特价值的"乡愁符号"。

作为"中国民间文化遗产抢救工程"的重要项目之一，《中国历史文化名城·名镇·名村丛书》正是通过众多专家学者和民间文艺工作者辛勤的田野调查工作，在中国民协推动的"中国传统村落立档调查工程"所积聚的海量信息基础上，多学科、多视角地反映当下古城古镇和传统村落现状，发掘传统文化的独有魅力，进而为保护和传承优秀传统文化积累鲜活的素材，汇拢丰富的经验并寻觅科学的路径。相信这套丛书的出版将对古城古镇和传统村落的保护发挥积极作用。

2017 年 3 月

（作者系中国民间文艺家协会分党组书记、驻会副主席）

芬芳"乡愁"彰中华（序二）

郑一民

　　站在 21 世纪桥头，审视中华五千年文明，由历代劳动人民创造并守护的数以万计的历史文化名村、名镇、名城，堪称中华民族可以在世界上引以为豪的珍贵国家财富。在经济全球化、现代化高速发展，城市化进程汹涌而来的今天，保护历史文化名村、名镇、名城，不仅是时代赋予当代国人的神圣历史使命与责任，也是中华民族屹立于世界之林、实现伟大复兴的必然选择。

　　一个古老的村镇或城市，犹如一位饱经沧桑、阅世甚深的老人，既有深厚的文化积淀，又承载着世代子孙魂牵梦萦的"乡愁"。在古村、古镇、古城之前冠以"名"字，其历史文化价值更是非同凡响。她所承载的物质与非物质文化遗产，既是传递民族血脉和熏陶锤炼民族美德、优秀品格的重要精神食粮，也是构建社会主义核心价值观和具有中国特色美好家园的重要基石。在我国现代化建设快速发展中，科学记录和保护历史文化名村、名镇、名城的人文历史、自然风貌和各种原生态信息，是一件功在当代、利在千秋的伟大事业，对研究、传承、弘扬、创新中国传统文化和实现中华民族伟大复兴，具有深远的历史意义和重要的现实意义。

探究中华文明之河，始于涓涓，终于浩浩。历史文化名村、名镇、名城就是其中的"涓涓"，数以万计的涓涓才汇就中华文明的浩浩大河。作为"涓涓"，每一个名村、名镇、名城虽有体量大小之别，但都是一个自然的社会单元。她们是历代先人适应自然、利用自然、实现"天人合一"的见证，也是创造文明、积淀文明、传承文明的家园。其保存的年轮印痕、光阴故事、人生观、审美观、习俗信仰和生产、生活、居住方式等，犹如一部部五彩缤纷的百科全书，承载着民族的历史记忆和文化基因，闪烁着民族的智慧与品格，慰藉着我们的心田与灵魂，涵养着泱泱中华。从这个意义上讲，历史文化名村、名镇、名城是中华民族物质与非物质文化最大最重要的载体，保护名村、名镇、名城就是保护中华优秀传统文化。

著名文化学者罗杨在论述古村镇保护时说："人类文明的进化不能没有积累和继承，历史的车轮可以碾过如梭的岁月，但不应拆毁我们心灵回归故里之路。"遗憾的是，在经济社会快速发展中，对古村镇和古城的保护还没有引起世人的应有关注和重视，致使不少古村镇和城市古街区在既无完整文字记载又缺乏图片记录的情况下，

便在时代洪流中消失了。针对这种现状，中国文联、中国民协在全国实施了中国传统村落立档调查工程。在此基础上，我们在中国民协和河北省委宣传部大力支持下，2016 年 10 月在全国率先启动了《中国历史文化名城·名镇·名村丛书》河北卷的编纂出版工作。

《中国历史文化名城·名镇·名村丛书》是由中国民协承担并在全国组织实施的中国民间文化遗产抢救工程重点项目之一，也是继中国民间文学三套集成之后在全国开展的又一项具有重要影响的浩大基础文化建设项目。河北列入这项文化工程的历史文化名村有 190 个、名镇 18 个、名城 12 个。根据编纂方案要求，我们将对每个历史文化名村、名镇、名城单独立卷，力求以质朴、简明的文字，图文并茂的形式，从历史学、社会学、民俗学、建筑学、文化学等视角，客观、准确、简洁、鲜活记述名村、名镇、名城的历史与现状，阐释每个名村、名镇、名城独有的文化内涵与价值，彰显河北历史文化名村、名镇、名城特有的魅力与精彩，惠及当代，传之后世。为了使读者检索、查阅、研究方便，本套丛书在编纂过程中将以"中国历史文化名村河北卷""中国历史文化名镇河北卷""中国历史文化名城河北卷"三个系列问世。

家园需要呵护，硕果需要众人浇筑。完成这

项浩大的文化工程，需要数以百计的作者和知识产权出版社编辑们几年的奋斗，无论田野调查拍摄还是梳理编撰，皆充满艰辛与探索。但耕耘者向来是不怕困难的，硕果会因此更香甜，社会发展会因这些成果更精彩，共和国文化建设会因大家的奉献更加炫目！

俗话讲，金无足赤。由于编者知识水平有限，又无前人研究成果可借鉴，书中谬误之处难免，敬请各位方家和读者批评指正。

2016 年 10 月 30 日

（作者系河北省民间文艺家协会主席）

中国历史文化名城·河北高阳

中国民间
文化遗产
抢救工程
THE PROJECT TO CHINESE
FOLK CULTURAL HERITAGES

中 国 历 史 文 化
名城·名镇·名村丛书

中 国 历 史 文 化 名 城

河北高阳 | 目录

第五章
民俗技艺永留存

第六章
物阜民丰安乐乡

Famous Villages, Famous Towns, Famous Cities
of Chinese Historical and Cultural Series

The Chinese Famous Historical and Cultural City
Gaoyang Hebei | Contents

Chapter 3
Yan and Zhao's Hot-land Cultivates Talents

Chapter 4
the Red-Gaoyang Shines Brilliantly

Chapter 5
The Perpetuation of Folk Art

Chapter 6
The Peace-and-happiness Township with Abundant Resources

引言

　　高阳，一座拥有两千余年历史的古城，矗立在华北平原上，今隶属于河北省保定市，位于保定市东南部，毗邻雄安新区和素有"华北明珠"之美誉的白洋淀。高阳位于北纬38°30′~38°46′，东经115°38′~115°59′，总面积443平方千米，属暖温带半干旱半湿润大陆性季风气候，域内有潴龙河、孝义河、小白河三条汇入白洋淀的季节性河流，属海河流域大清河水系。高阳地处黄淮海冲积平原的前部边缘，域内均为广阔的平原洼地，无高山丘陵，适宜发展农业。

　　相传高阳为三皇五帝之一的颛顼帝初封之地，因此世人以"高阳氏"代称颛顼帝及其后人。根据史料记载，高阳正式建邑于战国时期，先后属燕、赵管辖统治。周安王二十年（前382），齐伐燕，高阳属齐。周赧王二十年（前295），燕赵重新划分疆界，易水长城以南属赵，以北属燕，高阳属赵。秦始皇二十六年（前

↓ 高阳县城

221），秦并六国，"海内为郡县，法令由一统"，高阳域归秦，属巨鹿郡辖地。

西汉高祖六年（前201）置高阳县，属幽州涿郡。隋开皇十六年（596）于高阳置蒲州，高阳为州、县治。大业三年（607）州除，高阳改属河间郡。唐武德四年（621），在高阳复置蒲州。贞观元年（627）州罢，高阳属瀛州。五代十国时，后唐同光元年（923）置高阳郡，领高阳县。后晋天福元年（936）十二月，高阳随瀛州归属契丹。宋至道三年（997）高阳改属顺安军，高阳为军、县治。金天会七年（1129）于顺安军置安州，治仍在高阳。大定二十八年（1188）移州治于葛城（今安新县安州），县为安州所辖。元至元十二年（1275），高阳隶属保定路安州。明洪武三年（1370），因水灾高阳城圮，迁治于丰家口，仍称高阳，原县城称旧高阳城，后简称旧城。洪武八年（1375）高阳并入蠡县，未久复置。清雍正二年（1724），高阳隶属保定府。1913年，县属范阳道，次年改属保定道。1928年，高阳直属河北省。

1948年设高阳市，次年撤市仍置高阳县。1949年后，高阳县属保定专区。1958年，高阳与蠡县合并。1961年12月高、蠡分置，恢复原高阳县建置和区域。1970年8月，保定专区改为保定地区，高阳县遂属之。1994年，保定地、市合并，高阳属保定市管辖，至今未变。截至2020年12月，高阳县下辖1个街道、7个镇：锦华街道，庞口镇、西演镇、邢家南镇、晋庄镇、蒲口镇、小王果庄镇、庞家佐镇。

在漫漫历史长河中，无数天灾战乱磨砺出高阳人勇敢刚毅、不屈不挠、自强不息的性格，创造出灿烂辉煌的地域文化。"红色高阳""戏曲之乡""纺织之乡""商贸之乡"……这些"名片"既记载了高阳人曾经的拼搏，也彰显了高阳人当下的奋斗。"燕赵多慷慨悲歌之士。"高阳作为燕赵腹地，从来就不缺少以身为家国请命的人。抗清英雄孙承宗，出相入将，两度督师关外，抵御清军，功勋卓著；近代历史文化名人李石曾发起"留法勤工俭学运动"，为中法两国文化交流作出突出贡献；佟麟阁在"七七事变"中捐

↓ 高阳县城

躯沙场的壮举，更是英名播于寰宇，精神砥砺后人。还有戏剧理论家齐如山，昆弋著名表演艺术家韩世昌等，如星辰罗列，辉耀人间。历史是根，文化是魂。随着政治、经济、文化、社会的快速发展，岁月缔造的历史文化价值越来越被重视。地方史作为地方历史文化的载体，是维系一地文化情结的纽带，是探寻文化价值的重要切入点。

↑ 高阳县城

怀古以励志，掩卷当奋发。今天，三十多万高阳人以史为鉴，承先辈壮志，尚拼搏精神，致力于建设和谐高阳，努力推进经济社会全面、协调、可持续发展，正在用自己的实际行动书写高阳新的历史篇章。

高阳历史悠久，源远流长，因位于高河之阳而得名。传说曾为三皇五帝之一颛顼帝初封之地，为其初登帝位时的都城，颛顼帝也因此被称为"高阳氏"。自战国时期正式建邑，高阳历经两千余年的风雨洗礼，是名副其实的千年古侯国。岁月悠悠，高阳昔日的辉煌在历史画卷中熠熠闪光。

↓ 施琅收复台湾后，有朝臣提出"迁其人，弃其地"，主张放弃台湾。李霨上疏建议设官镇守，称"台湾虽孤悬海外，但屏蔽闽疆，可取而不可弃"，维护了国家主权统一

第一章

千年古侯国

↓颛顼故都　八才旧里

颛顼故都　八才旧里

高阳，相传为三皇五帝之一的颛顼帝初封之地。《史记》载："黄帝崩，葬桥山，其孙昌意之子高阳立，是为颛顼帝也。"传说，黄帝次子名昌意，黄帝对其寄予厚望，然而昌意资质平庸，难以承袭帝位。黄帝深感失望，遂遣派昌意去若水做一方诸侯。昌意来到若水后，娶蜀山氏之女昌仆（又名女枢）为正妃。成婚后，昌仆在一天晚上看到天边有一道流光溢彩的瑶光，不久，昌仆便发现自己有了身孕，产下的一子，便是颛顼。不同于才德低劣的父亲，颛顼早早展现出自己出色的政治才能，并因卓越的功绩承袭帝位。因颛顼在高阳受封，所以颛顼号高阳氏，其子孙后代也为高阳氏。关于这一点，史料多有记

↑ 雍正八年《高阳县志》有关颛顼帝封国高阳的记载

载。《高阳县志》载："邑受名以高河之阳，古侯国也，五帝时属涿，为颛顼氏封国。""盖帝封始建而邑，古远矣。"《舆地志》称："籍古颛顼，疏茅幽蓟，犄角瀛海，股肱北平，是志舆地。"《中国地名文化》（魏隽如，中国社会出版社，2005年版）称颛顼"据传其封于今保定高水之阳，故曰高阳氏"。由于颛顼帝对高阳古城的重要影响，故高阳也称"颛城"。

颛顼帝作为三皇五帝之一，是所有华夏儿女的祖先，他制历

法，创九州，禁占卜，促农耕，在他的治理下，社会欣欣向荣，人类文明迈入一个新纪元。高阳作为颛顼初登帝位时的国都，为其韬光养晦、抵御外敌入侵作出重要贡献，虽然后来颛顼帝将都城迁往别处，但高阳古城以姓氏的方式将自己的影响牢牢镌刻在华夏民族的血脉中。

《史记》载：*"昔高阳氏有才子八人，世得其利，谓之'八恺'。"* 意思是说，过去高阳氏有八位才子，造福天下。颛顼帝遣派这八位才子去治理天下，均颇有成就。这八位出身高阳氏家族的有才之士贤德明理，广施恩德，是颛顼帝治理天下的得力助手，也是高阳古城的骄傲。

所谓"颛顼故都，八才旧里"，是高阳古城凝重的文化底色，也是高阳古城漫长历史画卷辉煌的起点。

↓ 高阳八才图

燕赵慷慨悲歌之地

传说，高阳在商代就有先民在此居住繁衍，但正式建邑于战国时期。高阳古城地处黄淮海冲积平原的前部边缘，土地肥沃，域内有多条河流，自古便是兵家必争之地。在那个天下纷争频仍、群雄逐鹿的年代，高阳自然成为诸侯争抢的目标。高阳之域，曾先后属赵国和燕国。赵敬侯十一年（前376），赵、魏、韩三分晋地，今高阳域属赵国，后为燕国侵据。燕文侯十二年（前350）前后，"高阳邑"作为自然聚落名称出现于燕国版图上。赵孝成王元年（前265），燕封宋人荣蚠为高阳君，使将而攻赵。此为"高阳"作为地理名称首次出现在史籍中。赵孝成王十九年（前247），燕

↓ 旧高阳城夯土城墙

赵易土。燕以葛（今安州）与赵，此后高阳地域复属赵国。公元前221年，秦统一六国，"海内为郡县，法令由一统"，高阳地域归秦，属巨鹿郡辖地。

韩愈《送董邵南序》中有云："燕赵古称多感慨悲歌之士。"后世在流传过程中渐渐将"感慨"改为"慷慨"，形成了"燕赵多慷慨悲歌之士"的民间俗语。燕赵之地，东临渤海，西接太行，北依燕山，南望黄河。因其位于北方，相对寒冷的气候环境促使燕赵地区的人民逐渐形成了顽强坚韧的性格特征，他们逐渐习惯于在逆境中生存，忍耐刺骨寒风的侵袭，等待春日的暖阳，苍凉的歌声为命运，也为历史留声。也是因其独特的地理位置，便不得不考虑周遭游牧民族的威胁和虎狼之秦的觊觎。长期的作战经验使燕赵之地涌现出不少勇武善战的义士。孟子说："春秋无义战。"乱世几乎都可用此理。战争是否合乎"义"并不重要，重要的是守住脚下的土地和眼前的生机。就如易水边的送别，荆轲明知此去凶多吉少，却仍选择慷慨赴死。所谓慷慨悲歌，既是对生存的渴望，更是对死亡的直视。高阳古城作为燕赵腹地，深受燕赵勇武豪侠文化的影响，独特的气候环境与复杂的历史背景造就了高阳苍凉、慷慨悲歌的文化气质。这种影响不仅仅体现在群雄割据的战国时期，而且镌刻在世世代代高阳人民的血液中。这也就解释了，为何高阳从古至今涌现了大量的志士仁人：西汉时期有大臣王尊为民解水灾之困；明末有文忠公孙承宗为国捐躯；近代有孙岳、李石曾积极寻求救国良方……古往今来，古邑高阳以独特而悲壮的方式为国家作出杰出贡献，燕赵之地勇武豪侠、大气洒脱的精神也通过一代代志士仁人传承发扬下去。

四大名门望族造就昔日辉煌

　　许、齐、韩、李，为高阳古城四大名门望族。这四大名门望族，有的自汉唐乃至明代才陆续从别处迁来，有的世世代代在此地繁衍生息，但不容忽视的是，其门中子弟皆不俗，有的在官场春风得意，有的在文坛独领风骚，有的在中国近代革命时期开风气之先。这些望族英才，造就了高阳昔日的辉煌。

高阳许氏

　　"许"原为国名，公元前11世纪周分封的诸侯国之一。据唐代张九龄所撰谱牒《姓源韵谱》载：炎帝裔孙伯夷之后有文叔者，时值武王克商，封文叔于许。战国时赵国史书《世本》对此亦有相同记载。春秋时，诸侯之间互相攻伐兼并之战不断发生。当时的许国，一直是楚、郑意欲吞并的对象。许灵公时，为楚、郑所迫，于公元前576年迁都于叶地（今河南叶县西南）；公元前533年，许悼公又迁于夷邑（亦名城父，今安徽亳州东南）；公元前524年再迁至白羽邑（今河南西峡县）；公元前506年又迁于容城（今河南鲁山县东南）（见清代段长基《历代疆域表》）。几经迁徙辗转，许国终未能逃脱被强国吞并的命运，公元前375年，史料记载"许二十四世为楚所灭"。但检索《中国历史纪年表》（万国鼎，中华书局，2004年版），记为公元前504年，许为郑所灭。尽管其说不一，但诚如《姓源韵谱》所云：许国灭国后，其子孙分散，四处流离，为纪念自己的封地，他们以国为氏，许姓自此产生。

　　唐林宝在《元和姓纂》中，将许氏分为高阳、安陆、汝南、太原、晋陵、中山等六个分支。其中对高阳许氏的记载为："高阳许氏，为秦末隐仕许猗及其裔孙世居之地。许氏宗亲，不问其祖为谁，皆宗高阳，而奉文叔为祖。"说天下许姓皆宗高阳未免有夸张之嫌，但起码可知，高阳许氏是全国许姓繁衍的重要发源地之一。考有关史料，《新唐书·宰相世系表》载："秦二世三年（公元前207），许猗自容城迁高阳都乡乐善里，隐居不仕。"自此，高阳许姓子孙在此代代繁衍，成为高阳的氏望之一。（约成书于唐代的）《新集天下姓望氏族谱》载："冀州高阳郡五姓中，许姓居首。"宋《太平寰宇记》载："高阳郡四姓中，许居首位。"《古今姓氏书辩证》（宋代邓名世等著，江西人民出版社，2006年版）将许氏分为高阳、汝南、晋陵、安陆、会稽、安陵六支，而以高阳为首。可见，高阳在秦末汉初时，就已成为许姓人居住的中心地之一，至隋唐时期，高阳与汝南形成了许姓南北两大郡望。民

↓ 许氏郡望　隐士之乡

国时期著名学者许同莘在《许国史地考证》一文中说："东汉而下，则许氏著名于汝南，分派于高阳。"河南新安县"千唐志斋"所藏《许绪墓志》中说："炎帝积祉，许国余昌。源清颖滋，族茂高阳。"

自秦末许猗在高阳占籍，至唐宋时期许氏家族人才辈出。从许猗曾孙许毗开始，高阳许氏便显声名。许毗，汉侍中太常，位列九卿。其子许德，任安定、汝南太守，并定居平舆（今河南驻马店地区属地）。故汝南许氏与高阳关系殊密。自许德始，其子孙便改变了籍贯，而以他籍显赫当时。许德生有四子：据、政、邈、劲。其中，许据为汉大司农，其后的许氏宗谱奉许据为汝南始祖。许据之子许允，魏中领军镇北将军。允生三子：武、奇、猛（一说殷、动、猛）。其中，许猛曾任晋幽州刺史。猛之子许式，为晋平原郡太守。式生二子：许皎、许迈。许皎为晋司徒掾，许迈任晋东海太守。许迈由此在东海（今江苏省常熟市北）定居，是为许氏由汝南迁居形成的许氏支脉，此地许氏奉许迈为始祖。汝南始祖的十世孙许敬宗，任唐龙朔（661—663）右丞相，封高阳郡开国公，此是唐林宝《元和姓纂》所本也。因许敬宗的先辈出仕江浙，在杭州新城（今杭州市富阳区）定籍，故今浙江一带的许姓，皆高阳一系。此外，唐末，二十世祖许儒自雍州入歙（今安徽省歙县）；宋初，二十三世祖许逊迁高邮（今属江苏省）；二十五世祖许琳自高邮迁无锡，今无锡许氏宗谱，已录至六十一世。今闽、粤各地许氏宗亲，皆宗高阳许氏之派。

唐代，许氏在全国分布非常广泛，并在许多地方形成有影响的氏望大族，其主要有高阳、汝南平舆（汉置县，为汝南郡

治）等，此两地成为许氏发展繁衍的中心。也有许多许姓人移居
他处，如许德之子许政则别居召陵（今河南漯河市）成为新的分
支。其间，由高阳许氏外迁而形成的较大分支有：汝南平舆许
氏，由汝南再迁而形成的太原许氏，由召陵许氏迁于会稽郡（今
江苏苏州）的许氏，由高阳许据十世孙许君明为始祖的安陆郡
（今湖北安陆市）许氏等。

　　唐宋之后，或因外地出仕，或因战乱频仍，或因自然灾害，
高阳、汝南的许姓人口先后大量南迁，遂使两地许氏门户衰败，再
无显者。至明清时，高阳域内的许氏人口已不多存，唯在于留佐与
赵官佐两村间，有塔儿头村，独许一姓居，其屯北三里有许天官冢
（传为唐代睢阳太守许远墓。许远，许敬宗曾孙。安禄山反，进攻

↓ 忠臣国士 高阳许远

睢阳，许远率部坚守。城被围经年，外援不至，兵粮俱尽，城陷，
许远被杀害）。明末该村毁于水灾，其幸存者分散于高阳县内，或
逃往外地。

圈头齐氏

南圈头在高阳城南1.5公里，因位居马家河南桥头，称南桥
头，后改称南圈头。据齐氏族谱载，汉吕后元年（前187），齐氏
即于此定居，始祖为侯爵，子孙六世封侯，世代为官。到唐代时，
圈头齐氏家兴业旺，人才辈出。雍正八年《高阳县志》载，齐氏
"今居邑者，为齐映之后"。

齐映，唐大历四年（769）状元及第。建中四年（783）授御史
中丞，次年进中书舍人。贞元二年（786）以中书舍人同中书门下平
章事，位列宰相。年48岁卒，赠礼部尚书，谥号"忠"。齐映与固
守睢阳的许远，在历史上被称为"高阳文武双忠"，同入县乡贤祠供
奉，并各建专祠世代祭祀。许远祠在故里塔儿头村，齐映祠在高阳西
关外，又称状元祠，明大学士孙承宗作《齐公祠募疏》称赞齐映和许
远，"是以扬大烈于睢阳，既钦节义；表元英于瀛浒，更识文章。盖
八才子开万古明诚，两世家擅一朝文武。凡同衿佩，其共激扬"。同
族齐抗（740—804）字遐举，自幼聪颖过人，唐代大臣，历仕监察
御史、侍御史、户部员外郎、仓部郎中等职，后被唐德宗拜为中书侍
郎、同中书门下平章事，与同族齐映同朝为宰相。卒年65岁，谥号
"成"。

由唐到宋，齐氏有多人中进士。元末明初，高阳多有兵燹，
村为丘墟，齐氏仅存兄弟二人，一人随朱元璋从军流离关外，一人

重建家园。由于家学渊源深广，到第二代即中进士，官至侍郎。之后，又出现了兄弟同科中举，同科连捷进士，进士齐赞元还在明万历年间被招为驸马。由于圈头齐氏为望族，流经圈头村的马家河段，也被称为齐家河。齐氏祖庙有楹联称齐氏："甲第累朝称阀阅，文章历代炳旂常。"

于堤韩氏

唐德宗时期，韩氏一支由今河北昌黎迁徙陕西韩城途中路过高阳于堤，因占卜吉祥，便留居此地，世代男耕女织，诗书传家，与圈头齐氏交往甚厚。元末明初，高阳因兵乱人口减少，于堤韩氏仅剩父子三人，为避战乱，父携长子远徙扬州。次子韩世贤避居河间兴村，后归祖地，于废墟中再建家园，教子苦读。第二代韩仪为宣德贡生，官邳州经历，并受皇封。第四世韩鹗考中举人，为知县。第五世韩勖考取进士。

↑ 韩氏墓地群

于堤韩氏第九世韩菼光，清顺治十七年（1660）中举，次年连捷进士，为康熙八年（1669）《高阳县志》总纂。后为知县，多有建树，调京师为刑部主事，因积劳成疾，卒于官署。康熙皇帝授承德郎并颁旨国葬，在今于堤村东筑坟修陵。按死者如生之说，茔北为座椅，南为书案，上有文房四宝及印台，俨然仍在刑部大堂理事一般。其子雄嗣为教谕，雄嗣子三善于康熙五十一年（1712）考中进士，官知州；三善子龙震于乾隆二十五

↑ 雍正八年《高阳县志》关于于堤韩氏的记载

↑ 雍正八年《高阳县志》关于韩荩光的记载

年（1760）考中进士，官知府，曾出席乾隆"千叟宴"；龙震子汤衡于乾隆四十三年（1778）考中进士，官知州，授奉政大夫。于堤韩氏出现了父子祖孙嫡传三进士，还有多名进士、举人。因屡受皇封，故韩氏祖茔内碑石、牌坊林立，宝塔入云，古木参天，被称为"畿南名胜"。

于堤韩氏历史上共有70人中举（含武举9名）、18人中进士（含武进士3名），贡生、秀才数以百计，人才辈出，成为望族。高阳有"到了于堤别拽文，背粪筐的也是秀才"等俗语传世。韩氏宗祠有楹联曰："家学渊源内外两传；大猷黼黻经纬一朝。"宗祠内陈列着许多圣旨、匾牌，有明朝严嵩、清末科状元刘春霖、清翰林李殿图和民国年间张作霖的题词和碑刻。

庞口李氏

庞口李氏，曾是一个世代书香、人杰辈出的家族。自明永乐初迁来高阳，至今已有600余年的历史。数百年的王朝更迭，江山易主，这个家族的杰出人物或一言九鼎挽狂澜于既倒，或逆势而为行天下之大义，在历史风云的变幻中，大显身手，创造了不朽业绩。庞口村李氏家族的一份《李氏族谱》云："予家原口外小兴州人，洪武中，以州常被□（疑为寇字）患，有诏尽徙民入内地，远祖之在小兴州者已不可考，先祖平福公占籍高阳庞口里，是为庞口李氏之始祖。"（族谱中的"洪武中"或许有误）。康熙元年（1662）李霨为其叔父李国棠撰写的墓志铭中亦记载："盖我上世自小兴州徙而高阳，尚已占籍邑之庞口里者，曰平福公，是为始祖。"

↑ 清代保和殿大学士、户部尚书李霨画像

李氏于明永乐初年移居高阳庞口，世代耕读。五世李伊于明成化十四年（1478）考中进士，官至山西布政使参议。从此李氏家族崭露头角，济世之才，代有人出。李伊之子李师儒于弘治三年（1490）考中进士，初为翰林院检讨，后任凤阳知府，先后在浙江、河南、陕西、安徽、山东、山西为官，后官至山西布政使参议，刚正不阿，秉公执法。生前有人为其著《洗冤录》，以褒扬其功德，卒后崇祀乡贤祠。

李氏第九世李国𣏌，万历四十一年（1613）进士，由翰林院庶吉士授检讨，累官詹事府詹事、经筵日讲官，成为皇帝的老师。天启六年（1626）拜礼部尚书兼东阁大学士，一生"以天之心理天下之事"。后急流勇退，连上六疏申请辞官，获准后回庞口里居。崇祯四年（1631）病卒，朝廷震悼，赠太保，谥"文敏"。

李国楷之子李霨，号坦园，幼丧父母，自执亲丧，哀毁如成人，立志读书，寒暑不辍，言行不苟，顺治三年（1646），考中进士，选为翰林院庶吉士，授检讨，特改编修，历任秘书院学士、内弘文院大学士、工部尚书兼东阁大学士、太子太保、保和殿大学士加户部尚书、太子太傅、太子太师等职。施琅收复台湾，李霨上疏建议设官镇守，称"台湾虽孤悬海外，但屏蔽闽疆，可取而不可弃"，维护了国家主权的统一。李霨于康熙二十三年（1684）去世，谥号"文勤"，入祀乡贤祠，一生著有《闽役纪行略》《伴星草》《心远堂诗集》等。清代定鼎之初，北方实多贤辅，而文章彪炳，开一代风气之先者，首推李霨。

↑ 明代中极殿大学士、吏部尚书李国楷手章

乾隆三十一年（1766），庞口李氏第十五世李殿图考中进士，初为翰林院庶吉士，官至福建巡抚、署理闽浙总督，晚年还京为翰林院侍读。卒谥"文肃"。李殿图之孙李鸿藻于咸丰二年（1852）中进士，为晚清重臣。李鸿藻，字兰荪，号石孙、砚斋，河北高阳人，清咸丰二年进士，曾历任清内阁大学士和兵、礼、工、吏部尚书，军机大臣、总理衙

↑ 清代文肃公、福建巡抚李殿图画像

门大臣，是同治皇帝的老师，有"高阳相国"之称。他经历了咸丰、同治、光绪三朝，对清廷大政有过重要影响。清光绪二年（1876），李鸿藻兼任总理衙门大臣，形成以其为核心的清流派。光绪三年（1877）清廷平定新疆阿古柏之乱，次年李鸿章派崇厚与俄方谈判收回伊犁，崇厚擅自签订丧权辱国的《里瓦吉亚条约》，李鸿藻发动清流派弹劾李鸿章用人不当，使《里瓦吉亚条约》得以改订，保住了上万平方公里的领土。李鸿藻在中法战争和中日甲午战争中均主战，反对议和投降。

↑ 晚清重臣李鸿藻（1820-1897）画像

↑ 北京菜市口丞相胡同李鸿藻旧居

　　庞口李氏自李俨始，共有46人中举，12人中进士，4人得谥号，成为文宦世家和名门望族，尤以明代的李国㭎，清代的李霨、李鸿藻最为著名。三人均身居宰辅，为当时干城之才。李鸿藻更被誉为"一代文官祖，三朝帝王师"。如果说明代的孙承宗（高阳人，帝王之师，明朝忠烈。明崇祯十一年，孙承宗领家人守卫高阳，抵御清军大举进攻，城破被擒，自缢而死，他的五个儿子、六个孙子、两个侄子、八个侄孙都战死）是"一门忠烈泣人寰"，那么李氏家族就是"三代干城辉日月"了。李氏后人李石曾是留法勤工俭学运动的发起人之一，为中法文化交流作出了重要贡献。

↑ 李氏家族墓地石雕

↑ 李氏家族墓地石雕

↑ 李氏家族墓地石雕

边防屯垦重镇

　　后唐以后，幽云十六州丧失，河北地区成为抵御北方游牧民族南侵的边防前线，担负着拱卫中原王朝的重任。因对文人的尊崇而备受后人称赞的北宋，当时面临着严重的边患，由于与西夏、辽等征战不断，河北诸多地区成为作战前线。为了解决军需供应问题，减少粮食运输对人力、物力造成的消耗，北宋朝廷决定在高阳等地进行大规模营田屯垦。《高阳县志》载，宋咸平中，于顺安军置水陆营田务，利于蓄水限戎马，而有税务。顺安军，指的就是高阳古城。朝廷在此设立营田务这一行政机构，方便高阳随时对军队进行补给。另外，朝廷在高阳的大规模屯垦，带动了高阳行政制度的完善，基层税收机构也逐渐建立。直至今日，我们仍可以通过高阳的不少地名看出当年其承担的重要边防任务，这些地名包括傅家营、

↓ 边防屯垦图

贾家务、杨家务、边家务、苇元屯等。《高阳县志》记载："凡乡称务称营屯，皆古屯营旧务。其曰杨家务、边家务、贾家务，则田主若监务者。"类似的地名还有大教台、南教台，相传北宋对辽作战时曾于此设教兵台，故村以此而得名。北宋崇宁年间，曾于南马村置牧马场，该村地处白洋淀边缘，地势平旷，水草丰茂，在此蓄战马以实军，村名始称南马场，后简称南马；季朗，北宋时此处为寄存粮草之地，西傍通漕河道，遂以"寄粮庄"为名，后谐音为"季朗"；西王草庄、东王草庄，也因北宋时通漕运，遂成积存军草之地，民称皇草场。

后世因北宋军事上的失利对其所采取的军事策略持怀疑态度，有人甚至认为北宋的营田屯垦政策实际上是失败的，对前线作战的帮助并不大。但不可否认的是，高阳古城的营田屯垦对于整个河北地区经济发展与行政制度完善都是大有裨益的。高阳古城虽然历史悠久，积淀深厚，但由于曾长期处于边防前线的特殊地理位置，难以形成较为成熟严密的行政架构。北宋时期于此进行的营田屯垦大大加速了高阳乃至整个河北地区行政化的发展进程，为后世对边防地区的管理提供了范例。而营田屯垦也是我国古代一直沿用的制度，不能说毫无可取之处。另外，与江南地区相比，河北地区能种植的农作物相对较少，但由于军事补给的需要，智慧的当地百姓改良品种、优化种植方式等，大大促进了河北地区农业的发展。高阳作为北宋时期的边防屯垦重镇，不仅为当时的军队输送物资，也为整个河北地区的经济发展作出了贡献。

　　高阳作为千年古城，地理位置十分优越，域内有多条河流交叉。人们逐水而居，以家族为单位，生存、劳作、繁衍，渐渐形成聚落。清净幽雅的古城还保留着不少历史遗迹，其以无声的方式提醒着人们高阳曾经的辉煌。独树一帜的民居古建筑更是无数漂泊在外的高阳游子放不下的乡愁符号。

↓ 龙湖公园

中国历史文化名城

河北高阳

第二章
胜景映乡愁

↓ 凤湖公园

九河下梢　家族同住

　　"高河之阳"，使高阳之名的由来与河流密切相关；因位于多条河流的下游，高阳也有了"九河下梢"之名。"九"在古时为极数，代表多的意思，具体有没有九条河流，如今已不可考，但有一点是可以肯定的，即天然的水源优势为高阳成为历史文化名城奠定了基础。其域内的多条河流不仅养育了这片热土上的百姓，还与此地灿烂辉煌的文化紧密相连，既是精神象征，也是文化图腾。

　　孝义河　呈西南至东北走向，自南入境，向北汇入白洋淀。明代时，此河自蠡县入高阳，经延福潴为淀，又北过圈头通济桥，因该桥为圈头马氏所建，故得名马家河。明高阳人孙敬宗《马家河饮》诗曰："山简一时醉，风流千载师。唯今通济水（济水，中国古代四渎之一），即古高阳池。"其上游在蠡县段，古称"孝妇河"。中华人民共和国成立后，上下游统一改称"孝义河"。

　　土尾河　宋代时人工开挖的漕运河道，在县城西三十里三岔口，与马家河同出蠡县杨村，入域之西南，经宋家桥入安州。《宋史》载，"景德元年（1004），北面都钤辖阎承翰自嘉山东引唐河三十二里至定州，酾而为渠，又至蒲阴东汇沙河，经边吴淀入界河，已达方舟之漕"，即此河。明代时，此河道改流清苑域。

　　高河　明代《高阳县志》云，在县东二十余里旧城南，东折而北入潴龙河，"盖滱水之经解渎亭南者，会河间经流入邑也，今堙"。宋元时期，高阳县东南有罗汉淀、东有梁淀，盖高河所潴。高阳之名即源于此河，因水北为阳，旧城在高河之北，故名高阳。

↑ 孝义河（原马家河）之春

↑ 孝义河（原马家河）之冬

↑ 高阳莘桥潴龙河安澜码头泊船（摄于民国年间）

潴龙河　是域内现存最古老的河流。相传远古时，"有猪化龙而成是河"，西南自绪口入域，流经布里，在旧城东，南纳高河，向北而入白洋淀。明天顺年间，高阳人吴琮《咏潴龙河》诗曰："龙河一道岂人为，故迹相传事亦奇。若水不随灵物远，临波空动后人思。"清康熙三十七年（1698）始筑潴龙河南北两堤，以束水攻沙固定河道。1955年，对潴龙河道裁弯取直，始成今河道走向。

小白河　在域东南湘连口东数里入域，沿东部边缘向北，在南坎苇东出域入任丘。唐贞观二十一年（647）八月，瀛州大水。灾

↓ 潴龙河新貌

后，瀛州刺史朱潭征发属县民工，在河间西北开挖长丰渠，其渠道走向与今小白河基本一致。小白河疑为唐代长丰渠故道。1946年，为增强其排沥能力，首次对小白河进行挖掘，此后的1951年、1965年又对该河道挑浚宽深，始成现今规模。

大涝淀　旧志载，在今县城以东，"马家河溢而潴也。过圈头北四里为蟹子洼，又五里为牛蹄洼，又十里为大小涝淀。大涝淀在小涝淀之北，周回可二十里"。明代邑人王荔《咏涝淀》诗曰："古渡舟依岸，孤村拂柳堤。晴云山远近，野水路东西。沙阔留鸿掌，泥融没马蹄。春深问农事，封植已成迷。"此淀今已涸。

延福淀　在县城南十里。旧志载，其为杨村河（即潴龙河）所潴也。

马棚淀　在县城东北，早已干涸。

↓ 小白河

罗汉淀　在高阳县城东南西演村以东，潴龙河泛溢所聚。明代后期此淀犹存。

丰富的河流水系让高阳的地名也多与水有关。庞口，因傍古高河口而得名；边渡口，是域内已知最早的村庄，汉代即已存在，因位于县边界渡口而得名；东河、西河、西河屯、王家河等，皆以濒临古河道而名。有些村庄虽在字面上与水无关，但也因水而得名。西演，因位于古罗汉淀西部边缘，取名西沿，后谐音为西演；邢家南，北宋时期即有此村，当地河汊交错，船行至此极易迷失方向，故俗称"行家难"，后谐音为邢家南；南龙化、北龙化，古时两村都濒临潴龙河道，传说，远古时"有猪化龙而成河"，为祈福禳灾，村名龙化；拥城，古时原称淀边村，明代白洋淀水势高涨，该村四面被水围，始称雍城，后简写为拥城；南、北于八，建村时始称渔坝口，后略写为于八口，到民国时期简称于八。

除了世代逐水而居，受古法宗制的影响，高阳的村落以姓氏为单位高度集聚，这反映了建村之初，村落的形成与以家族为单位的聚居形式密切相关。随着时代的变迁，这些村落尽管已形成了多姓氏混居的局面，但其名称特点鲜明，这类村庄命名基本按照"姓氏+家庄（或佐）"的形式，个别形式为"姓氏+家营（或坊子、屯）"和"姓氏+果庄"，极少数形式为"姓氏+庄"，诸如连家庄、安家庄、崔家庄、白家庄、李家庄、刘家庄、殷家庄、贺家庄、陈家庄、高家庄、吴家庄、左家庄、解家庄、雷家庄、邱家佐、魏家佐、史家佐、岳家佐、杨家佐、田家佐、任家佐、闫家坊子、骆家屯、杨家屯、徐果庄、梅果庄、邢果庄、马果庄、苏果庄、阮庄、张庄、赵庄、吴庄等。

记忆中的古景

古高阳八景

天子宫陵　在高阳旧城。明弘治七年（1494）《重修保定志》载："天子宫陵，在高阳县旧城东，土阜巍然，世代相传，不知为谁。"域内故老传为颛顼帝陵，因此称"天子宫陵"。雍正八年（1730）《高阳县志》载："在旧高阳城东门外，万历戊子岁（万历十六年），孔令承先表以珉。郡旧志开州亦有颛顼陵，在州东郭里。俗传在高阳者为衣冠冢云。"明代浙江宁波人张湜为天子宫陵赋诗曰："古帝拓疆宇，仁风播熙皞。黄土盖梓宫，功业徒浩浩。断碑菱荒郊，石麟没秋草。俯仰陈迹间，富贵何足道。"

将军鞋冢　在旧城村北。明弘治七年（1494）《重修保定志》载："将军鞋冢，故老相传，旧有将军，怜贫恤苦，父母斯民，事

↓ 天子宫陵文化墙

竣别去，民不能留，遂脱靴埋瘗于此，惜姓名不传也。"而雍正八年（1730）《高阳县志》载："俗以脱鞋冢为筑城鞋土，不足据也。"张湜赋诗曰："三箭定天山，倬能俪仁勇。奔驰赴王命，雷震山岳动。仁恩不可忘，遗鞋瘗青冢。一睹一兴思，愿言保光宠。"明代高阳人韩旦亦有诗曰："千古相传土一丘，将军遗迹此中留。几年开阖平沙碛，今日寻幽到垄头；春雨夜闻鸣铁骑，秋风时见舞金矛。英魂浩渺知何在，浪说平生万户侯。"

民乐涝淀 旧志载，民乐涝淀在今县城东北石氏村西南边，盖马家河泛溢潴水而成淀。古淀碧波荡漾，蓝天与水交映，水中绿藻扶摇，鱼虾游戏，为高阳古景观之一。今已干涸。张湜赋诗曰："大壑谁凿成，丰功夺元造。光涵水底天，鱼跃波心藻。夷犹流朝昏，一叶扁舟小。民食信有资，于焉快怀抱。"

龙化源流 明弘治七年（1494）《重修保定志》载，"龙化河，属高阳县，东流至冯村而北入白洋淀。故老相传颛顼时有猪化龙以开河道，故以为名"，而流经村庄亦名龙化。龙的崇拜，与原始社会时期人类定居生活和农业生产密切相关。中华文化起源于农业文明，猪作为家畜饲养，是各种农业经济共有的特征，猪的数量是财富和地位的标志。原始人想象中至高无上的龙也能够像猪那样给他们带来财富和兴旺，把猪幻化为龙，希冀

↑ 龙化源流

农业丰收，风调雨顺，财富增多，氏族兴旺。张湜赋诗曰："一壑龙幻开，湛然清见底，斯道同其源，昼夜恒不止。羁怀耿无寐，静

言窥化理。往者过复续，宣尼示斯旨。"

坎里断桥　在今城东坎苇村。旧志载，古时"有河通安州"界，河上建有"刘青桥"，年久而桥断，被文人视为一景。传说古有猛士孟贲、夏育，水行不避蛟龙，陆行不避豺狼，发怒吐气，声响动天。但纵有贲育之能，面对断桥之下的怒涛，也只能引来一声叹息，只好寄希望于有人像公孙侨一样，用自己的座车来载他人过渡了。张湜赋诗曰："设险限南北，陆梁离肆力。纵有贲育能，俯焉长太息。波涛怒掀腾，四顾浩无极。不有公孙侨，孰能施厚德。"

虚粮遗冢　在旧高阳城北，相传北宋军队曾在此"唱筹量沙"，虚粮以诳敌。宋军与辽兵多次在顺安军展开激战，却因粮草不继，而又为辽兵所探知，面临危局。于是领兵者设计迷惑敌人，令士兵夜晚大张声势，吆喝算筹，计量军粮。所计量的"军粮"其实是用沙土堆成的。辽军误判，以为宋军粮草已到，便不敢轻敌冒进。宋军趁机撤离而摆脱危局。事后留下巍然土阜。张湜赋诗曰："荷彼倚天戈，长驱入中土。不资智与谋，孰能知胜负。军饷扬自足，坚壁持险阻。量沙夜唱筹，余光照千古。"

空壕雁迹　原在旧高阳城下，据明弘治七年（1494）《重修保定志》载，高阳古城壕"池深五尺，阔一丈"，每至春秋，常有雁至。张湜赋诗曰："烟光浮夕阴，暝色敛壕白。雁来列宾序，雁去留遗迹。皇仁绝矰缴，物情尚有适。窘我世外怀，巍巍仰人极。"

古堞鸦声　古堞指旧高阳城上的矮

↑ 古堞鸦声

墙，又称女墙；城边古树参天，日日晨昏群鸦鸣噪，取唐人"鸦噪暮云归古堞，雁迷寒雨下空壕"之诗意，故名古堞鸦声。其与"空壕雁迹"同为一景。张湜赋诗曰："牛羊下夕阳，废堞平如掌。归鸦背落照，敛翼依草莽。哑哑啼不住，反哺互来往。感兹定省违，令人发深想。"

旧高阳城

根据史料记载，如今的高阳城与古时的高阳城位置并不完全相同。明洪武三年（1370）高河溢决，县城毁于水灾。高阳县奉诏迁治丰家口（即今县治所），原县城遂废。原址称旧高阳城，后简称旧城。旧志载，旧高阳城废弃后，"土花石泐，不堪揽结。而东佩龙河，西衿马水，郊原旷莽，气势苍茫。尚于凋敝思帝乡焉。揽辔徐

↓旧高阳城皇家庄户上的老桑树

行，每有忼咏。不独居人，叹陵渊也"。明嘉靖年间，高阳人韩旦《咏旧高阳城》诗曰："荒城高下断秋蓬，王气消沉帝业空。败壁鸟栖苔藓碧，重闉狐窟土花红；樵苏远近斜阳外，村坞荒凉野草中。自上崇岗遥纵目，云山烟柳锁空濛。"

↑ 高阳古城墙

葛城

战国时城名，先属燕后属赵。《史记·赵世家》载，赵孝成王十九年（前247）燕赵易地。赵以龙兑、汾门与燕，燕以葛城、武阳与赵。《后汉书·郡国志》载："高阳有葛城，汉高阳县地。"东汉末年置依政县，元为安州，今属安新县。

草桥关

原在高阳县城西三岔口，五代时后周建。后周世宗显德六年

↓ 杨六郎镇守三关雕刻

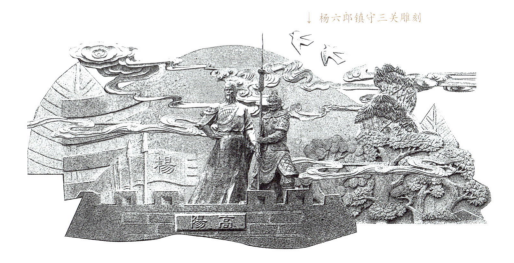

（959）收复关南一带后，置三关以控燕蓟：于雄州设瓦桥关，于霸州设益津关，在高阳设草桥关。置重兵，势相犄角。一处有警，三关策应。故契丹不敢轻犯。北宋时关废。

二古池

其一称洗马池，在旧高阳城东北二十里；其二称凤凰池，在旧高阳城西五里。有故老相传"帝浴天马下凤凰"的典故。明高阳人韩旦有诗曰："帝城芜没几春秋，城下寒塘碧不流。洗马名悬云锦散，唯余明月照芳洲。"今二古池均已埋灭。

楞严寺塔

在赵通村楞严寺内。传后魏时建，无记识。考《北史》，北魏正平二年（452）十二月，弛佛教之禁，并诏令郡县各造佛图（即佛塔）一座，民欲为沙门者，可听凭出家。旧志载"楞严寺塔，后魏时建"，此或为其依据。也有人推测，高阳地近辽宋边界，当宋辽签署"澶渊之盟"后，双方通好，则罢望橹（望橹，即观察瞭望的高台）而移佛图于北原。旧志载："后魏居人筑垣而得铜印，其文曰：镇抚都弹压印，元物（元魏之物）也"。明高阳人邓郊《咏楞严寺塔》诗曰："曲径穿云倚太空，几回登眺兴无穷。光摇远曙千郊拥，影落平湖万象雄；西望燕山连紫塞，东来

↑ 古楞严寺塔

易水际苍穹。车书一统归环宇，极目天涯指顾中。"楞严寺塔原为七级砖塔，因年代久远，失于维修，在中华人民共和国成立前，楞严寺塔自然倾圮。2016年，由民间佛教人士和志愿者捐资，复建楞严寺塔，历时两年竣工。楞严寺塔复建总造价315万元。新落成的楞严寺塔高31.99米，平面八角形，下设地宫，地面以上六层，塔顶一层为钢质仰莲莲花座塔刹封顶，共为七层，取七级浮屠之意。该塔通体为框架结构，内外青砖灰缝，工艺细腻，极为考究；塔身比例匀称，层次分明，蔚为壮观；各层四面均设券门，自下而上逐渐缩小，弧线内收；每层檐角之上风铃摇曳，微风吹来响声悠扬悦耳；塔身内通，可拾阶而上至塔顶，凭窗远眺，高阳古城风貌尽收眼底，塔外每层装有射灯，每逢夜晚来临，通体透亮，金碧辉煌。

↓ 楞严寺塔今貌

戚里坊

明代为驸马都尉王昺立，取"皇戚故里"之意。高阳人俗称
"驸马牌坊"，为汉白玉石质结构，址在高阳县城东大街正中，
牌坊上方正中有双钩体"戚里"二字，其下横额上书"太子太师
驸马都尉"等字样。整个牌坊四柱三门，横跨整个街道，石柱上
刻有浮雕。民国二十年（1931）《高阳县志》载："坊系石质，
雕刻玲珑，人物生动，而且工程浩大，坚固持久。今虽有残缺，
但尚无关大体。"四根石柱下方有八名仿真骑士分列左右，八名
骑士之头颅均断去，旧志说"虽有残缺，但尚无关大体"即指
此。今已不存。

榜眼坊

在今县城内十字街西街东口偏西，明代时为榜眼孙承宗立，牌

↓ 戚里坊效果图

坊为瓦木结构，三门四柱，斗拱层叠，翼角飞翘，红漆立柱，青石底座，所用木质均采用名贵的金丝楠木，整座牌坊结构严谨，端庄大气，上端刻有"榜眼"二字，两旁立柱上镌刻"丹墀云染三千字，春殿雷轰第二声"柱联。1964年，榜眼坊迁建于解放街（原相府街）。1966年，榜眼坊在"文革"中被毁。

↑ 榜眼坊（拍摄于1958年）

聚奎坊

位于高阳县城棉花市街北口，为木制建筑，双柱单门结构。明嘉靖三十年（1551）由县令马仑主持，为高阳县科甲题名者修建。该牌坊属于文庙建筑群的一部分，每临童子试、乡试、会试

↓ 榜眼坊效果图

等重要时间节点，县内学子在此举行隆重的祭孔仪式，以祈科甲题名。今已不存。

文庙

高阳县文庙为庙学合一建筑，形成了一个完整的建筑群。宋元时庙学在旧城，明洪武三年（1370）迁移来今治。址在县署东（今东街小学和原粮食局一带），建筑占地1.3万平方米。洪武年间建造了大成殿五楹、东西庑堂各九楹、戟门三楹；戟门左右建有神厨、神库各三楹。洪武十三年（1380），高阳县主簿徐原主持修建了明伦堂五楹，以及明伦堂左右的斋房各五楹，左为崇德斋，右为广业斋；

↓ 文庙（合成景观）效果图

同时还建造了用于学生住宿的号房九楹。宣德元年（1426）及天顺元年（1457），县令王弼、鲁能相继塑造了圣贤像。嘉靖六年（1527）县令张经纶、嘉靖二十七年（1548）县令冯仑、万历四年（1576）县令冒守愚、万历七年（1579）县令马荆庭、万历二十年（1592）县令乔继科曾数次将徐原所建加以重修。其间，县令马荆庭在戟门题额"万世师宗"；乔继科在大成殿前植柏，郁郁葱葱，蔚为壮观，他还在北城墙上建文昌祠。嘉靖十一年（1532），教谕王质（河南祥符举人）增建宰牲房三楹。万历三十五年（1607）大雨，因年久失修，文庙内两庑堂倾圮殆尽，县令钱春尽修葺一新。万历三十六年（1608），县令侯提封（郓城县进士）增建泮池（古代学宫前的水池）。崇祯十四年（1641）教谕焦庄同诸生架梁为阁，将文昌祠改建为文昌阁，与修建于城东南角台上的魁星阁遥相呼应，展现高阳人渴求文风昌盛，祈望登科有名。清康熙二年（1663），知县张志禧、教谕黄道启重修文庙，省敬一亭，将原用木材改建启圣祠，并移六箴碑于明伦堂壁。雍正元年（1723），将原启圣祠改为崇圣祠。至此，高阳文庙历经明清两代数次重建、增修，形成一个庞大而完整的古建筑群。其规制之高，建筑技术与风格之精美，出类拔萃。高阳文庙虽已不存，但作为高阳古代的建筑精品，它已成为高阳人记忆中一个美好的符号，深深烙印在人们的脑海中。

文昌阁、魁星阁

高阳人为祈望文风昌盛，登科有名，在文庙建筑群内，先后修建了文昌阁、魁星阁，用以供奉文昌帝君。文昌阁初名文昌祠，最早修建于明万历二十年（1592），由县令乔继科主持建造。据明天启四年（1624）《高阳县志》载："文昌祠在敬一亭后，据北城为台而祠其上。"后因年久失修倾圮。崇祯十四年（1641），高阳县教谕焦庄带领庙学内诸生重修，并架梁为阁。魁星阁建在城东南隅的角台上，与北城墙上的文昌阁遥相对峙。每年农历三月初三日，文人绅士汇聚于此"称觞祝嘏"，以为省身克己之助。二建筑随城池拆毁均已不存。

福泉寺

在县署西南，原西街小学南侧。明洪武十三年（1380）由僧人觉秀主持修建，并将寄于北路台崇兴寺的县僧会司移到福泉寺内。明万历年间，僧人延嗣重修大雄诸殿、僧人庆宁修方丈室等精舍。福泉寺旁有一积水坑，名大寺坑，高阳人耳熟能详的"大寺坑的蛤蟆——干鼓肚不出声"的传说即产生于此。相传孙承宗在县学读书时，常来大寺坑旁温习功课。但坑里的青蛙时常乱叫不停，影响他学习，孙承宗说了一句："别叫了！"从此，这里的青蛙就再也没叫过。天顺五年（1461），国子监助教田甫为福泉寺写有记文。福泉寺在清末时拆毁。

南宫塔

南宫塔修建于清代，准确年份无考。南宫塔建在魁星阁西侧的南城墙上，其寓意不详。据调查，南宫塔为三级砖木结构建筑，六角飞檐。当本县财力无法修建大型塔时，只好修建小塔，但在平地上建小塔，规模小不显眼，便选择建在城墙上，以城墙为台基，以期达到高而醒目的目的，南宫塔当属于这种情况。或许南宫塔与风水有关，又与城外回龙宫险段高下相对，有人称之为水塔。南城墙拆毁时，该塔一同被毁。

↑ 南宫塔效果图

城隍庙

城隍庙属道教神祇场所，建于明洪武初。据明天启《高阳县志》载："城隍庙在县署东南五十武（武，古代计量单位，六尺为步，半步为武）处。有正祠三间，其后为寝祠三间。正祠两翼为六曹祠各三间。城隍庙前有仪门，仪门西侧为土地祠、东为道士房。仪门往里为大门，明成化五年（1469）县令张昭重建，嘉靖二十八年（1549）县令马仑重修，

↓ 老城隍庙效果图

并创建厅事（问事的厅堂）一所。旧大门在街之东，西向东入方折而北，今辟其东通小街，而东西树坊。南之中为屏，则万历中乡民所建。"城隍庙已不存，遗址即为原高阳县影剧院和今糖烟酒门市部所在地。

关帝庙

关帝庙是为供奉三国时蜀国大将关羽而兴建的。关帝，被民众称为武圣关公。高阳县治自旧城西迁后，即在城内修建了关公祠，祠内为关羽建有功德碑。初时有祀而牲羞（进献的供品）不备，万历三十六年（1608），县令钱春始加羊豕以供之。清代，将关公祠改建为关帝庙，在县署之南。庙宇分为前殿和后殿。庙里所奉关帝，栩栩如生，本县百姓膜拜不绝。每年春秋二祭，其规制为猪、羊、帛各一，笾豆（古代祭祀时盛祭品用的两种礼器，竹制为笾，木制为豆）十。雍正三年（1725），钦定关帝三代俱封公爵，关帝庙后殿设神牌，照崇圣祠之例祭祀；前殿春秋二祭，规模照文庙之例。同时规定，每年五月十三日加一祭。今关帝庙已不存。

一亩槐

据民国二十年（1931）出版的《高阳县志》记载，一亩槐在县城南街第二初级小学校内（原县医院一带），因槐荫有一亩之广，所以称为"一亩槐"。槐身需六七个人才能合抱过来，相传已经历了四五百年。

名人故居显名士风流

说起高阳古城的民居建筑，有两处名人故居最具代表性，即张家大院和李鸿藻故居，曾分别为直隶商会会长张兴汉与晚清重臣李鸿藻的居所。张家与李家分别作为高阳民间商贾与官员的代表，其旧宅院也代表了不同的民间建筑流派：张家所建的青石瓦房四合院，是旧时富庶人家常见的民居建筑；李鸿藻故居属尖顶木架结构，屋脊角檐饰有飞禽走兽、花卉雕塑点缀，内顶雕梁画栋，华丽壮观。

张家大院

位于锦华街道北关社区，系民国初年由时任直隶商会会长张兴汉所建住所。

张兴汉，字造卿，高阳人，是当地有名的能人。他能说会道，头脑精明，在高阳经营"德信隆布庄""华信手工染坊"，因经营得法，且清末正值高阳纺织业兴旺发达时期，所以生意蒸蒸日上。但张兴汉并非普通的生意人，他不满足于仅自己赚得盆满钵满，还希望通过改革生产，真正促进国家富强、民族自立。当时，国家遭受列强侵略，清政

↑ 张家大院局部

府软弱无能，签订了一系列不平等条约。当时社会兴起了一股"实业救国"的思潮，即通过民族工业的发展，改善国家积贫积弱的落后面貌。张兴汉受此影响，与杨木森、李秉熙、韩伟卿等人于光绪三十三年（1907）十月创办高阳商务分会，提倡织布，改良布业。自此，高阳纺织业因技术的革新而开始腾飞，成为当地人赖以维生的支柱性产业。因高阳所产织布太过有名，很多地方出现了仿品，张兴汉到处奔走，协调农工商部门，严加甄别，有效地保护了商人和手工业者的利益。可以说，张兴汉是高阳纺织业发展进程中里程碑式的人物，没有他的苦心经营，就没有高阳今日纺织业兴盛的局面。

张家大院坐北朝南，占地面积2275平方米，建筑面积2083.1平方米。前有发券大门，迎门为客厅，客厅后分为外宅、内宅，并

↓ 张家大院局部

向北延伸。东为外宅，建有勤杂人员住房、车马房、停灵阁等数间。现除停灵阁外，其他房舍皆已不存。西为内宅，分前后两院。前院大门为瓦门，门楼高且阔，数步青石台阶。进大门又分东西两个小四合院，两院各有南房4间、北房4间，东西配房各3间。过穿堂屋进后院，有南房8间、北房9间，东西配房各3间，东配房南与南房夹道处设有瓦门，以通外宅。各房舍均为青砖瓦房，前后出厦，厦前为檐为柱，形成互相连通的走廊。如今，内宅主要房舍尚存，但均已破败。2015年，张家大院被高阳县政府列为重点保护的民国旧居。

李鸿藻故居

位于高阳县城东街口路北，1987年被列为高阳县重点文物保

↓ 李鸿藻故居

↑ 晚清重臣李鸿藻故居（1980年摄）

↑ 建于庞口村的李氏名人纪念馆

护单位。

李鸿藻系晚清重臣，曾任军机大臣、刑部尚书、工部尚书、吏部尚书、兵部尚书，是同治帝的老师，有"高阳相国"之称。他经历了咸丰、同治、光绪三朝，是当时朝廷中的清流领袖，晚清主战派重臣之一，对清廷大政有过重要影响。其子李石曾发起和组织留法勤工俭学运动，为中法文化交流作出了很大贡献。至今高阳仍留存其创立的布里留法工艺学校。

李鸿藻在高阳的居所修建年代已不可考，之后或重新修葺。原建筑坐北朝南，由前后两层庭院组成，东西配有厢房，中间建有穿堂大殿，后院北面为正房，正房和穿堂大殿均为尖顶木架建筑。屋脊角檐饰有飞禽走兽、花卉雕塑点缀，内顶雕梁画栋，颇为壮观。前院临街有门楼。建筑总占地面积1750平方米。1947年后，正房和厢房相继改建为民宅，后来厢房拆除，仅存穿堂大殿，为砖木结构，高12米，面宽20米，进深10米，占地200平方米，中间是穿堂过厅，两侧各有两间内室，地面为方砖铺成，墙壁磨砖对缝，台基的四步青条石垂带台阶已埋没。房屋外部装饰已被毁坏。2014年，高阳县政府将李鸿藻故居按照建筑原样进行了复建。新建成的李鸿藻故居，占地面积477平方米，为木架结构，青砖垒砌。院落正中矗立着李鸿藻石质雕像。

中国民间
文化遗产
抢救工程
THE PROJECT TO CHINESE
FOLK CULTURAL HERITAGES

SOS

　　"纺织""戏曲""商贸"是高阳重要的名片。都说一方水土养一方人，高阳以燕赵古地独有的慷慨苍凉的精神气质，培育出各行各业的精英，他们锐意改革，积极进取，有的总结经验、革新纺织技术，有的精益求精、钻研艺术，有的紧跟潮流、发展商贸。他们或是人们熟知的革命者、艺术家，或并不为世人知晓，但正是他们的奋斗与拼搏，才有了高阳如今的经济文化产业支柱。

↓ 高阳县城全景图

第三章

燕赵热土育英才

纺织文化

纺织，不仅仅是高阳重要的经济产业，围绕纺织形成的历史与文化，是高阳人值得骄傲的文化名片之一。

纺织业发展历程

高阳纺织业始于明末，兴于晚清，盛于民初，400多年传承不衰。元末明初，棉花种植引入本地，结束了单一丝织品织造的时代，出现了丝织、棉织并存的手工业生产，从而促进了高阳县纺织业发展。在很长的一段时间内，高阳县纺织业仅限于自足自给的家庭手工织造，并未形成生产规模和市场。此后随着生产工具和技术的改进，产品始有零星销售。

↓ 影视剧中的高阳布市场景

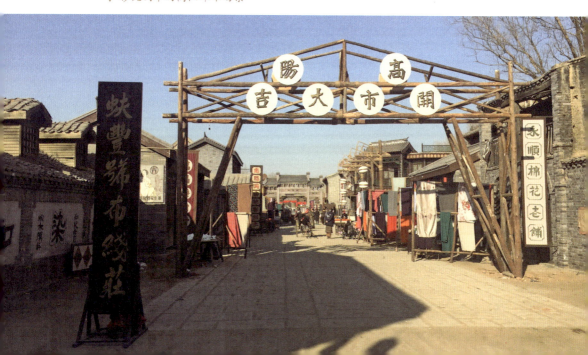

　　清光绪时，高阳开始出现家庭工场，随之形成县内土布市场。光绪十六年（1890），县城集日销售土布已达1200匹，莘桥集日土布销售也接近1000匹。小本布贩日渐增多，收买本地土布销往外地。

　　高阳纺织业的发展，离不开晚清时期两次重要的技术改革，一次是光绪二十七年（1901），县城数家富绅集资购买日本产织机两架，在濡上书院偏房内纺织宽面土布，因产品质量低劣，未及数月，赔累殆尽，只好歇业。但此举为高阳县改良织机、提高织造技艺，做了有益尝试，为高阳纺织业的兴盛奠定了基础。另一次是光绪三十三年（1907），高阳商会倡导改良织机，提高工艺水平，并成立织布工艺研究所。这次的改革很成功，域内织布机均由木

↑ 明清时期的织布机

机改为铁轮织机，产品由窄面土布改为宽面土布，原料也由手纺纱线改为进口机纺棉纱。织机革新后，生产能力骤增，高阳纺织业迅速崛起。

　　由于技术的改革和民国初期社会环境相对稳定，高阳纺织业在中华民国成立至全面抗战爆发前，得以飞速发展。当时的高阳城内，布线庄林立，织染厂云集，散织户遍布乡里，城内西大街就是布市，还有缯市街，成规模的有"蚨丰""全和""大丰""庆丰义""汇昌""义丰""大亨""合记""恩记"等二十多家布线

↑ 民国时期高阳纺织知名企业仝和工厂

↑ 民国时期高阳印花麻布

庄，布线庄、商号发展到一百多家，并在开封、信阳、西安、天水、成都、重庆、长沙、汉口、青岛、贵阳、昆明、沈阳等多地设了外庄、分号。

这个时期，高阳纺织业呈现出三个显著特点。一是随着布业的发展，"撒机子"盛行，专营布匹、棉纱的布线庄应运而生，高阳成为纱与布的集散中心，形成了包括高阳、蠡县、安新、任丘、清苑、肃宁、河间等县在内的高阳布区，约涉及500个村庄。这一带的布统称"高阳布"或"高阳坯"。那时布区的"撒机子"达到61694台，年销售棉纱10万多包、产布400多万匹，产品有十几个花色。二是规模厂家不断增多，洋纱不断涌入，出现了管家工厂、许家益友和苏家仝和等20多家大厂。农村的小织厂也蓬勃发展起来。"唧唧复唧唧，家家当户织"是高阳城乡真实的写照。随着洋纱的涌入，麻、棉产品有葛、绸、缎、绨、罗等五大类上百个品种，花色品种的数量达到了高阳布业史上的鼎盛时期。三是新技术应用，品牌产品的打造。以"仝和"为例，从1934年到"七七事变"前，扩建北厂，新建南厂，添置提花机80多台，又增添锅炉、轧光机、拉宽机、烘干机、电织机等全套比较先进的织染设备并应用新技术。同时带动"鸿记""酉记"等厂家迅速兴起。涌现出"蚨丰""仝和""恩记""合记"四大印染名厂，创出了"渔翁得利""孝感动天""镇山虎""双美人"等驰名商标及产品，造就了一批工商界名人。其中最具有代表性的人物就是"仝和"的苏秉璋。在他的领导下，染织兼备、工商联营颇具规模的"仝和"跃居高阳布业之首，更由于《江南实业参观记》（苏秉璋，1936年版）一书的著述，使他成为高阳县纺织史上著名的民族工商业家。

↑ 高阳纺织所用棉纱部分商标

机纺棉纱和铁轮织机在域内普遍推广，生产能力剧增，产品供不应求，织布业空前繁盛。机杼之声，比户相闻。集期一至，商贾云集。据《河北通志稿》（河北省方志办，1993年）载，至民国七年（1918），在河北省内，安国县年输入高阳布5000匹；获鹿县年输入高阳布1800匹；晋县年输入国货中的布匹，以高阳布为大宗，额为5930匹；深县年输入高阳布折款20000银圆；武强县年输入高阳布4000匹；赵县年输入高阳布10000匹；隆平县年输入高阳布3000匹。民国十五年（1926）后，人造丝浆经法传入高阳，麻丝织造盛行。众多小型织布工场涌现，改变了以家庭个体织造为主的生产格局。民国十七年（1928），高阳年产土布549万匹，占河北省土布产量的1／4。到"七七事变"前，高阳有规模较大工厂14家，城乡小型印花、染色、轧光等专业工厂近百家。

日寇侵占高阳后，布商停业，工厂倒闭，市场萧条，高阳织布业濒临绝境。据抗战胜利前夕统计，高阳织机由原来的万余台仅存1800台。

1945年9月高阳解放，织布业开始复兴。为打破国民党对解放区的经济封锁，县政府在域内发动大规模生产运动，全力帮助乡村农民购置织机，恢复生产。1946年，设立公营商店撒机收布，鼓励私人经营。1947年，织机发展到2600台，年产土布30万匹。1948年，有织户37773家，织机3478台，恢复到抗战前生产水平的47.8%。到1952年，高阳织机达到8900台。随着织机数量和布匹产量的增加，高阳布业产品的销售网络也逐步扩大。高阳国营和私营企业都开始在高阳域外设立商号，1949年商号主要集中在石家庄、易县等地；1950年商号分布在北京、太原、邯郸、

↓ 隆德堂商号效果图

张家口、郑州、洛阳、济南等地；1952年扩展到开封、许昌、徐州、西安、包头和沈阳。国家对资本主义工商业改造完成后，高阳纺织业开启了发展的新阶段。

如今，高阳拥有纺织企业4000余家，纺织专业村98个，各类纺织机械4万余台（套），从业人员近16万人，纺织业年产值350多亿元，巾被、毛毯产品占全国市场份额的三分之一，高阳当之无愧地被评为"中国纺织基地""中国毛巾·毛毯名城"和"中国家纺巾被流通示范基地"。

高阳商会

光绪三十一年（1905），安新商人杨木森，武安商人李条庵和高阳商人张兴汉、韩伟卿、李香阁等筹划建立商会。1906年，高阳商会正式成立，会址设在高阳县城南街关帝庙内。商会一成立，即派人赴天津日商田村商行学习铁机织造技术，并购回日式铁机贷给城乡织布户，教以织法，赊给棉纱。虽然新式织布机价格昂贵，但能很快得到

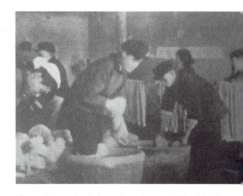

↑ 20世纪50年代高阳县织布工人的劳动场景

↑ 高阳蜡染土布

↑ 高阳印花土布

↑ 原高阳商会旧址

推广，促使高阳织布业发展到一个新的阶段。商会把零散商户团结起来，并积极维护他们的利益。商会对人才极为重视，设立工业研究所，在商会院内开办商业夜校，招收学徒学习商家管理知识。随着学生日益增多，商会在高阳县城东街购地正式建立学校，即以后的甲种商业学校。其间因军阀混战，学校停办。1927年商会重新整顿恢复学校，改称高阳私立职业学校，专门培养织、染人才。由商会直接投资创办的还有四所公立高小，一所初级师范学校。

纺织业行话

纺织业的发达催生出很多行话，在纺织业发展历程中，这些行话具有重要的文化价值，故择其重要的进行介绍。

爆股　指企业破产，出资方所持股份难以变现，经营不能维持，此时，业界会请一位民间德高望重人士出面予以说和，处理企业破产事宜，安排剩余财产的分配，最后大家在一起吃一顿散伙饭，高阳人称为"爆股"。

拨条　高阳纺织业独创的一种金融管理办法。由于高阳布业年消费纱丝数额巨大，资金往来频繁，一般工厂和企业、商号嫌银行资金汇兑手续烦琐而另起炉灶，独创了"拨条"资金汇兑办法，其实质就是原始面貌的"信用卡"制度。买货方（撒机织布者为多）不以现金支付售货方，而以商业诚信为担保，开一拨条予以抵押，双方各存一半。撒机者也以同样方法支付下游产业。拨条累积到一定程度，往往资金雄厚者会发动资金变现活动，掀起一场业内竞赛，平衡金融风险，维护企业生产。

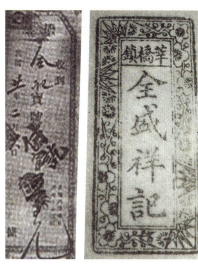

↑ 民国时期高阳布线庄往来凭据

跑街　也称"跑条"，指拨条变现活动中专门为应付工厂、商号之间的金融业务而出现的职业。从事这些职业者往往都是金融业务熟稔的会计专家，他们手持拨条，争分夺秒，维护高阳纺织业的诚信，促进了高阳纺织业的繁盛。

护本　高阳纺织业独创的一种金融管理方法。一些企业因资金不足，约集亲朋好友的闲钱放在商号中，平时不使用，只付些微利息给这些亲朋好友，只有在企业资金紧张的时候才用一下。

接灯　高阳织布业的专有名词，大多指在地窖子织布的时候，人歇、机器不歇，白天黑夜连轴转，地窖子里的灯永远是亮的。

撒机子、织茬子　指布线庄的业务活动。商号把棉纱发给织户，让织户按一定的规格织布，然后再把布收上来，给织户一定的手工费，称为"撒机子"；织户领了线，给布线庄加工织布，称为"织茬子"。

纺织民谣

高阳纺织业的兴盛，催生了当地的纺织民谣。

"南有潍坊，北有高阳。哼哼唱唱，织织纺纺。"这则民谣说明了当时高阳在国内的纺织地位。

"轧花难，轧花难，五更早起三更眠，血汗换来钱。"这则民谣则是当时织户织布的艰辛写照。

织布虽然艰辛，但织户苦中作乐，对生活充满希望："织布织布机儿啦，腰里揣着小花鸡儿啦。谁拾咧，我拾咧，双线倒直咧。""张大嫂，李大妈，噼里啪啦弹棉花，弹了棉花纺成线，织成大布卖钱儿花。""穿什么好，穿什么好，粗布做衣件件宝。绫罗缎匹费金钱，奢华不如俭朴好。"

↓ 纺机

纺织文化节

1993年8月26—28日，高阳创办首届纺织品展销会、物资交流会暨纺织文化艺术节（简称"两会一节"）。其间各乡大鼓、武术、龙灯竞相进城表演，高阳古城锣鼓喧天，热闹非凡，来自全国各地的生产厂家、新闻媒体纷纷赶来助兴。1994年8月28—30日，举办第二届"两会一节"；1995年8月28—31日，举办第三届"两会一节"；1996年8月28—31日，举办第四届"两会一节"。此后，"两会一节"停办，改为举办高阳县纺织精品推介会。高阳纺织文化艺术节的举办主要是为了进一步扩大"中国毛巾·毛毯名城"的影响力，让更多的客商深入了解高阳，打造"高阳纺织"区域品牌，赢得客商对高阳纺织品的青睐和良好的

↓ 1994年高阳县纺织文化艺术节现场

口碑，进一步拓宽产品销售渠道；通过与纺织龙头骨干企业以及广大客商的交流与合作，提升高阳纺织业整体档次和水平，全力打造中国北方纺织强县。

高阳纺织博物馆

高阳纺织博物馆于1989年9月开始筹建，1990年7月正式建成开馆，设在高阳县文化馆二楼。2003年，高阳县政府投资200多万元，重新修建高阳纺织博物馆，馆址选在纺织商贸城内，是年5月动工，2004年12月竣工。新建高阳纺织博物馆占地面积746平方米，展品在原来的基础上有所增加，共有藏品1368件，具有一定历史研究价值。此为全国唯一的县级专业纺织博物馆。高阳纺织博物馆按历史时间划分为六个展区：第一展区为明清土布时期，集中展示从

↓ 高阳纺织博物馆一角

明代到晚清高阳四百多年的纺织历史；第
二展区为高阳织布业兴盛时期，翔实记录
民国时期高阳纺织业兴旺发达的繁盛景
况；第三展区为革命战争时期，通过战争
期间纺织业兴衰的记述，再现高阳人民不
畏艰难险阻，加紧土布生产支援前线的伟
大壮举；第四展区为社会主义建设时期，
这一时期最显著的特点是印花业的兴起，
形象地展现高阳人钻研印染技术的全过程；第五展区为改革开放时
期，通过在改革开放中涌现出的优秀企业和英模人物，展示了高阳
人民开拓进取、敢为人先的创业精神；第六展区为琳琅满目的纺织
产品，用实物展现高阳纺织业取得的辉煌业绩。

↑ 高阳纺织博物馆大门

↓ 高阳纺织博物馆一角

商贸名城

　　高阳商贸繁荣，企业众多，经济组织达2.4万余家，拥有中国驰名商标5个，河北省级著名商标33个，自主品牌5820个，纺织类品牌拥有量居河北省第一位。高阳纺织商贸城是全国最大的毛巾专业批发市场；庞口农机汽车配件城年交易额突破240亿元，是全国最大的农机配件销售市场，被中国农机流通协会命名为"中国农机配件之都"。

　　特别值得一提的是高阳纺织商贸城。纺织是高阳的传统优势行

↓ 高阳纺织商贸城

业，2001年，高阳充分利用自身优势，建成华北地区最大的纺织品交易中心。高阳纺织商贸城的建立，进一步拉动了高阳经济的发展，除了本地优质企业纷纷加盟，大量外地企业也陆续入驻，为市场增添了活力。高阳纺织商贸城让高阳从原先的纺织品生产地成功转型为批发、中转市场，大大拓宽了业务范围，在生产与销售之间架起了桥梁，同时吸引了大量来自国外的贸易公司，对高阳的经济建设具有重要价值。

近几年，高阳商贸企业紧跟时代潮流，充分利用网络平台，积极开展电子商务，提升贸易总额，为高阳的经济发展发挥更为重要的作用。

戏曲之乡

高阳历史文化悠久，底蕴深厚。戏曲剧种繁多，分布广泛。盖叫天、韩世昌、田际云、齐花坦等享誉梨园。早在清代中晚期，高阳颇具规模的乡村戏班就有6个，演出剧目达到200多个，其中以庆长社、常盛奎、长顺和、荣庆社等最为著名，剧种主要有河西村昆曲、西河大鼓、河北梆子、老调等。

↑ 1961年高阳县北昆戏校师生合影

↑ 高阳县北方昆曲老艺人侯长治（左）演出名
　剧《醉打蒋门神》

河西村昆曲

高阳河西村昆曲，具有400多年的历史，在中国戏曲史和中国艺术史上占有重要地位。它经历了明朝末年的初创期，清朝末年和民国初年的兴盛期，日伪统治时的衰落期，以及中华人民共和国成立后的转型期，历经数代兴衰迭替与曲折坎坷，体现了民间传统戏曲艺术顽强的生命力和高阳人的聪明才智。

作为我国民间传统戏曲艺术的重要组成部分，高阳河西村昆曲艺术的发展与时代同步，不断吸收、融合外来戏曲艺术的精华，并为我所用，形成了程式严谨，念白古雅，载歌载舞，唱腔优美动听，尤以男声生角艺术较为突出的艺术特点。高阳河西村昆曲为北方昆曲的形成与传播发挥了奠基的作用，并为北方昆曲贡献了诸如韩世昌、侯益隆、侯玉山、马祥麟、侯长治等大师级的戏曲表演艺术家和教育家。河西村昆曲子弟会，庆长、荣庆昆剧社，高阳县北方昆曲艺术学校，乃至中国北方昆曲剧院等，均由高阳河西村昆曲繁衍发展而来。高阳河西村昆曲可以说是中国戏曲百花园里的一株耀眼的花朵。1928年，

↑ 北方昆曲早期老艺人侯益隆（左）与其子一起登台表演

↓ 北方昆曲剧院到河西村进行寻根演出

↑ 北方昆曲艺术家教授河西村小学
学生昆曲

韩世昌、马祥麟等河西村昆曲名家东渡扶桑，开创了中外戏曲艺术交流的新篇章。新中国成立后，中国北方昆曲剧院成立时，其主要艺术创作力量，包括主演、导演、文武场等均由高阳河西村昆曲艺人担任。一个戏曲剧种由一个村庄诞生、繁衍、发展并成为主流的现象可称为古今中外艺术史上的奇观。

一些表演艺术家成材出走后，高阳河西村昆曲仍旧保持了它一贯的地方特色、保留剧目以及演出团体——河西村昆曲子弟会。在20世纪四五十年代，河西村昆曲子弟会深入广大农村演出，赢得了群众和戏迷的欢迎，昆曲老艺人义务教唱、教演，影响遍及十里八乡，当地有一句俗语说："连河西

↓ 高阳县北方昆曲老艺人在演唱

村的狗叫都有点昆曲味儿！"20世纪八九十年代后，戏曲逐渐式微，高雅的昆曲艺术更呈曲高和寡之势，亟须加以继承、弘扬，为古老的昆曲艺术保存一脉香火。

2010年以来，高阳县采取积极措施，保护传承河西村昆曲这一民间文化遗产。2010年河西村侯双居和侯志友组织成立河西村昆曲学习班。2011年，北方昆曲剧院与高阳县合作，在河西村学校建立北方昆曲河西村培训基地，北方昆曲剧院老艺术家每两周来一次，对学生进行义务辅导，编写完成河西村校本课程《北方昆曲文化校本课程》。2012年2月9日，北方昆曲剧院副院长曹颖携剧院部分昆曲艺术家到高阳县河西村，双方就北方昆曲艺术的保护、发展、传承进行深入交流，对北方昆曲艺术发展的目标和长远规划达成一致意见。同年，北方昆曲辅导基地在高阳县文化馆挂牌，由北方昆曲剧院授牌，培训学生20余名。2015年，河西村昆曲培训基地获得由北京中国戏曲表演学会颁发的优秀票社奖。2016年，河西村学校演唱北方昆曲曲目，代表高阳县参加由教育部组织并由中央媒体在全国播出的《传承的力量》学校体育艺术教育弘扬中华优秀传统文化成果展示活动，河西村教师的校本课程——北方昆曲教学视频，在河北省教育厅举办的优秀传统文化艺术课中获得保定市优秀奖。2017年，河西村小学小演员代表北方昆曲发源地参加了北方昆曲剧院的60周年院庆活动。2015年以来，高阳与北方昆曲剧院多有交流和合作活动。2016年3月23日，高阳县委主要负责同志带队到北方昆曲剧院对接，共商昆曲传承与发展。2017年北方昆曲剧院院长杨凤一、副院长曹颖带领北方昆曲剧院相关人员，到高阳县就对接雄安、振兴北方昆曲文化传承与发展进行交流，在人才培养等方面达成战略性合作意向。

西河大鼓

西河大鼓的创始人马三疯子是高阳教台村人。马三疯子真名为马瑞河，自小家贫，无力求学，难得天生爱唱戏，而且天资聪颖，什么戏一学就会。后来拜当地有名的说书艺人田东文为师学习木板大鼓。学成后与师兄马瑞林搭档说书。他的演唱风格泼辣、奔放，妙趣横生，人们送他绰号"马三疯子"，慢慢地这一绰号就成了他的艺名。马三疯子在长期的说唱演出中渐渐萌发了改革唱腔的想法，他同时吸收戏曲、民歌的唱调，演出后均获得巨大成功，大受听众欢迎。许多木板大鼓书艺人争相习仿，由此形成了西河大鼓书

↓ 高阳县西河大鼓宗师马三峰再传弟子自弹自唱

的雏形。因此，后辈西河大鼓书艺人普遍认为，马三疯子是西河大鼓的奠基人、创始人。"马三疯"也称作"马三峰"。江湖艺人常言道，唱大鼓书最好的"南有何老凤，北有马三峰"。马三峰的徒弟继承了师父锐意改革创新的精神，特别是朱化麟，艺名朱大官的"朱派"创始人，他自幼跟随马三峰学艺，擅拉二胡，曾为河北梆子须生"大吉高"伴奏多年。他嗓音宽美、吐字清脆，腔调豪放，善于白、唱间用，不断对腔调和演唱技巧进行改革。

高阳西河大鼓演唱艺术讲究众多，主要表现形式有头板、二板、紧五句、十三咳、倒反腔、跺板等，演唱风格讲求句子与段落的衔接，气口短促有力，刚强有劲，演唱要诀颇具高阳土语特点，如"大捞月""小捞月""蚂蚱蹬腿""流星赶月"等。高阳西河大鼓主要传承人为张国安。

河北梆子

河北梆子的前身是山西蒲州梆子，清乾隆年间传入河北，逐渐形成河北省影响最大的地方剧种。清朝中期，河北梆子传入高阳域内，光绪年间艺人张雨涵在高阳县陈庄创办了"常盛奎"科班，在北京、天津一带盛极一时。后因该班培养的主演名伶被强征入宫，科班随之解散。但河北梆子在高阳县已传唱不绝，孕育了一代又一代河北梆子人才。

清末民国初年，高阳籍河北梆子花旦著名表演艺术家田际云因《春秋配》《蝴蝶杯》等剧，名噪一时。清光绪十一年（1885），田际云在北京曾与山西梆子艺人同台演出，使两种梆子腔得以交流，相得益彰，演出颇受欢迎。田际云在北方戏曲舞

↑ 河北梆子著名表演艺术家田际云演出剧照

↑ 河北梆子名家齐花坦

台上占有重要地位，代表剧目有《梅龙镇》《海潮珠》《斗牛宫》等。光绪十三年（1887），田际云赴上海，首创河北梆子与京剧同台演出。光绪十七年（1891），田际云在北京先后组织"玉成科班""翊文社"等戏曲专业培训班，对促进梆子剧种的发展作出了贡献。

中华人民共和国成立之初，齐花坦崭露头角，先后拜河北梆子表演艺术家贾桂兰、金桂芬、高凤英为师。1953年，齐花坦参加第三届赴朝慰问团演出，受到贺龙元帅的赞扬。1960年，齐花坦为京剧四大名旦荀慧生先生的入室弟子，并学会《红娘》《红楼二尤》《花田错》等戏，曾演出《相思树》《婉香与紫燕》《扫穴犁庭》，红极一时，多次受到中央领导的亲切接见。齐花坦几十年演出剧目近百部，塑造主要角色几十个，为观众留下了深刻印象，形成了自己的表演艺术风格。

张惠云，河北梆子旦角演员，正工青衣，扮相俊美，表演大方，嗓音甜润，尤其是她的唱腔，咬字清楚，韵味纯正，听起来清新悦耳，人赞"大珠小珠落玉盘"，享誉燕赵大地。

像这样一代又一代的高阳籍名家数不胜数，正是他们的汗水与付出，使河北梆子这一艺术门类代代传承。

老调

老调，起初为白洋淀周边农村花会中的俗曲——河西调，清道光、咸丰年间已具戏曲雏形。早期老调行当以生、净为主，而生、净两行又是分行不分腔，同唱老生调，故称老调。后受到当地高腔和木板大鼓的影响，又吸收

↑ 河北梆子名家张惠云

了山西上党梆子旋律，主要流布在保定、沧州及石家庄、廊坊等地，自清朝乾隆末期在高阳县广为流传。1950年，高阳和平老调剧团成立。1954年4月，更名为高阳县老调剧团。著名老调表演艺术家王贯英就是在这一年进入高阳县老调剧团的。因老调从诞生直至解放初期一直没有女演员，高阳县老调剧团成立后，即着手培养女演员。第一批女演员除王贯英是老生行外，还有周淑琴（青衣）、陈淑媛（小生）、辛秋花（老旦）、张锦花（花旦）等，共12人。高阳县老调剧团从1954年至1958年的5年间，排演了《盘夫索夫》《唐知县审诰命》《千里送京娘》《三回头》等大批古今剧目，既有袍带大戏，也有生活小戏，颇受观众喜爱。1958年10月和11月，中央领导先后两次到保定专区视察工作期

↑ 王贯英（前排居中者）饰《潘杨讼》中
的寇准

间，在保定河北剧场观看了高阳县老调剧团演出的《盘夫索夫》。第一次是周恩来总理观看。第二次是邓小平、胡乔木、杨尚昆、刘澜涛等党和国家领导同志观看。演出结束后，邓小平同志在接见演员时称赞道："保定有宝，老调不老！"并勉励全体演职人员弘扬民族艺术，指示"要进一步加强老调剧种的艺术建设，并希望搞台好戏进京演出"。1958年年底，高阳县老调剧团首次进京。当时，还未来得及创编新剧目，只在北京天桥小桃园剧院演出了保留剧目《盘夫索夫》《金鳞记》《劈山救母》。1959年，高阳县老调剧团调至保定，升格为保定专区老调剧团。1960年保定专区老调剧团再次进京，在中南海怀仁堂演出，刘少奇、朱德、叶剑英等党和国家领导人及郭沫若、梅兰芳、马连良、老舍等文艺界名人观看了《潘杨讼》《盘夫索夫》《挡马》《井台会》等文武剧目，给予高度评价。老舍在1960年3月5日的《人民日报》上发表了题为《好戏真多》的评论文章，对《潘杨讼》等剧推崇有加。同年年底，《潘杨讼》由长春电影制片厂拍摄舞台戏曲片，这是老调戏首次搬上银幕。2018年11月，老调入选河北省第五批省级非遗名录。

名人轶事

高阳古城历史悠久，人才辈出，各行各业的杰出人才是燕赵热土的骄傲，他们身上发生的事至今仍在民间流传。

王尊以身填金堤

王尊，字子赣，西汉末年著名大臣，涿郡高阳县人，生卒年不详。其幼年丧父，由叔伯抚养，因家境贫寒，令他牧羊。王尊且牧且读，得通文字，后充郡中小吏，迁补书佐。几年后，有次郡守询问诏书行事，王尊对答如流，因此得到郡守重视，除书佐，署守监狱。初元三年（前46），任虢县令，不久转任槐里，并兼任美阳令。

↑ 王尊画像

王尊在任东郡太守时，黄河泛滥，水漫金堤，民众纷纷奔走躲避水灾。王尊亲率吏民防洪抢险，祭祀水神河伯，并请以身填金堤。王尊宿于金堤上，大水冲毁金堤时，王尊仍坚持不走，吏民数千人请求他撤离，王尊不为所动。后水位下降，灾情消除，吏民嘉其勇节，朝廷对其进行了嘉奖。

许允因旧衣免罪

许允，字士宗，高阳县人。三国时期曹魏官员、名士，官至中领军。许允是世家大族出身，少年时与同郡崔赞都在冀州成名，后召入军中。

许允担任吏部郎的时候，大多任用他的同乡，魏明帝知道后，就派虎贲去逮捕他。其妻阮氏光着脚跟出来劝诫他说："对英明的君主只可以用道理去取胜，很难用感情去求告。"魏明帝审查追究他，许允回答说："孔子说'提拔你所了解的人'，臣的同乡，就是臣所了解的人。陛下可以审查、核实他们是称职还是不称职，如果不称职，臣愿受应得的罪。"魏明帝查验以后，知道各个职位都用人得当，于是就释放了他。许允穿的衣服破旧，魏明帝看过后说："你是个清官。"就赏赐许允新衣服。起初，许允被逮捕时，全家都号哭，他的妻子阮氏却神态自若，说："不要担心，不久就会回来。"并且煮好小米粥等着他。不多时，许允果真回来了。

↑ 许允画像

↑ 民国《高阳县志》中的孙承宗像

孙承宗血战高阳

孙承宗，字稚绳，号恺阳，高阳县人，明末军事家、教育家、学者和诗人，文坛领袖。曾为明熹宗朱由校的老师，历任兵部尚书、辽东督师、东阁大学士等。

在国家边防形势日益紧迫之时，孙承宗主动承担抗击外敌的责任，自请驻守辽东，四年的时间，修复九座大城，四十五座堡垒，招练兵马十一万，建立十二个车营、五个水营、两个火器营，八个前锋后劲营，制造甲胄、军械、弓矢、炮石等装备多达几百万件，开疆扩土四百里，屯田五千顷，年入白银十五万两，功勋卓著，并在前线选拔培养了大批青年将领。后因病请辞，回到家乡高阳。崇祯十一年（1638）十一月，清军大举进攻高阳，孙承宗率领全城百姓及家人婴城固守，城破后自缢而死。弘光元年（1644）九月十三日，南明弘光帝朱由崧追赠孙承宗为太师，谥号"文忠"（一说"文正"）。

↑ 孙承宗雕像

↑ 明末大学士孙承宗著作

李石曾创立布里留法工艺学校

李石曾出生于晚清显宦之家，其父李鸿藻在清同治年间曾任军机大臣，是以保守著称的清流派代表人物。李石曾是李鸿藻的第五子，6岁即熟读诗书，15岁在京城师从名儒齐禊亭习汉学，积累了深厚的国学根底。1902年，李石曾随驻法公使孙宝琦赴法国留学。在巴黎，李石曾入蒙达尼农校学习，毕业后又入

↑ 明大学士孙承宗题于山海关长城入海口老龙头澄海楼上的"雄襟万里"匾

巴斯德学院及巴黎大学学生物。1906年，他和张静江、吴稚晖等人在巴黎组织了"世界社"，宣扬无政府主义。同年，经张静江介绍，李石曾加入同盟会巴黎分会。

↑ 高阳布里留法工艺学校第一期旧址

由于自己曾有在法国半工半读的经历，李石曾希望能帮助更多的中国青年留学法国，学习西方文化，实现救国救民的目标。1912年，李石曾和吴稚晖等人在北京发起组织"留法俭学会"。当时任教育总长的蔡元培力赞此事。1917年，李石曾在高阳县布里村创办了国内最早的一所留法预备学校，即布里留法工艺学校。如今，布里留法工艺学校旧址是国家重点文物保护单位，每年吸引无数游客前来参观学习。

李石曾是高阳庞口村人，并非布里村人，说到如何想起在布里

↓ 高阳留法华工在法国与友人合影

村创立留法预备学校，这其中还有一段故事。1917年夏，李石曾来高阳布里村探望好友段宗林。时值附近的潴龙河汛期，李石曾发现，布里村村民白天防汛，晚上还有不少人手提灯笼，赶到村中一个叫大会的地方上"半夜学堂"认字读书。"半夜学堂"是段子均的叔伯兄弟段宗杨利用村中公产开办的，农民白天劳动，晚上自带油灯来学文化。李石曾很高兴，当即讲话，他以潴龙河为题，讲如何变水害为水利、如何发展农业，并介绍法国的先进科学技术，学生们听后均觉新奇。李石曾看到该村青年求知欲高，又有一批有识之士热心民众教育，加之水陆交通方便，故与段子均商定，第一所留法预备学校就设在布里村。

李石曾马上给北洋政府教育部门呈报了建校申请，请示获批后，同年9月，留法第一所预备学校在村东北角的一所民宅里开学，第一期共招收学生60余人。随着留法勤工俭学运动的发展，学生日益增多，旧校舍不够使用，留法勤工俭学会决定在布里村西南角建设新校舍。原来，招收第一批学生时，由于资金等条件限制，该校借用村东北角段宗桂家闲置的三合院做校舍。北房三间做教室，西房两间为办公室，东房两间当厨房。另借段哲人家的几间房做外地学生宿舍。留法预备学校租用民房，既不方便，也不够用。因无合适的地基，实习工场未能按计划设立，学生无法进行工艺实习。因此，李石曾、段子均等商议，另辟场所筹建新校。

新校舍建设得到了布里村民的大力支持，有钱的出钱，有力的出力。段宗林通过卖彩票、建砖窑烧砖以及组织义演的方式筹集建校资金。1918年6月，高阳籍的戏曲名家韩世昌、侯益隆约请著名戏曲艺术大师梅兰芳、姜妙香等在北京为布里留法工艺学校举行了一场义演，收入用于学校建设。

资金齐了，校舍的建设同样不简单。建校舍需用砖，经商议在段子均家坟后的12亩空地上，打井建窑，脱坯烧砖，供建校用。段宗杨拆了自家的旧楼，将材料捐出建校，由此传下顺口溜：布里有个段宗杨，拆了南阁盖学堂。新校址选在布里村西南角的马楼。以前，这里曾有一座楼房，因楼主人姓马，就把这里叫马楼了。后楼房已毁，只剩楼座，但人们仍沿旧称。马楼的主人马老甫已故，家中有一寡妇，段子均与其商妥，花200元买下房基地。建校施工由本村马宝来监督，用4个多月建成新校舍，马宝来因劳累过度而病故。新校占地约10亩，房41间，为砖木结构，比当时普通民房稍好。南边一排平房12间，坐南朝北，东侧三间是铁工厂，第四间为大门，大门西侧三间是校长室，校长室外间墙上挂有蔡元培给学校的亲笔题字"业精于勤"。校长室西侧有平房一间，再西有三间教员室，东头为国文教员蔡和森和几何教员沈宜甲的住房兼办公室，西头是法文教员齐连登和国文教员李宝华的住房兼办公室。校内分东、西两院，正对大门的是东院，院内有东西房两排，每排五间，为南方班学生宿舍。宿舍南端各有北房两间，是学生食堂。东院有东西两大间教室，东间为北

↑ 布里留法工艺学校实习工厂旧址

↑ 布里留法工艺学校实习工厂生产的
铁器零部件

方班学生教室，西间为南方班学生教室，中间是穿堂屋，可通教室北边小花园。西院比东院小2/3，有北房四间，东西房各两间，均为北方班学生宿舍。

新校舍建成后，改名为留法工艺学校，开始招收第二期学生。第二期共招收学生80余人，按照学生籍贯的不同，分为南方班和北方班，南方班主要是蔡和森带队前来的湖南学生，北方班以直隶籍学生为主。1918年10月，毛泽东同志曾从北京赶到保定，安排湖南同学到布里留法工艺学校上学。在布里留法工艺学校期间，蔡和森既是湖南班学生的负责人，又是中文教员，同时还学习法文。他学习刻苦，关心国内外大事，坚持看书看报，特别关心俄国十月革命和各国工人运动的情况，这为他以后确立共产主义思想起了很大作用。

布里留法工艺学校是留法预备学校中开办最早的一所学校。1917年到1920年，共招收三期学生，培养人才200余人，其中留法学生百余名，蔡和森、颜昌颐、陈声煜、孙发力、唐灵运等后来都成为中国共产党的中坚力量。一大批学生成为学有所长的专家学者，如著名冶金学家沈宜甲、医学家曹清泰、纺织学家张汉文、爱国华侨王守义等。

目前，这所历经百年的"法国学堂"风采依旧。几经修缮的大门上方是一座高耸的砖塔，顶部呈尖状，为法国哥特式建筑风格，寓意进取和希望；下面为两个半圆形的扇面式墙体，寓意团结和互助；下方为中国传统的建筑式样，拱门、磨砖带有园林式建筑风格。大门中部为当地著名书法家张卓甫书写的校名——留法工艺学校。学校主体建筑共两排，包括实习工场、校长室、蔡和森宿舍、

↑ 布里留法工艺学校毕业生陈书乐捐赠证书

伙房、半夜学堂、教室、南北方班宿舍等十余间房。

"法国学堂"在布里，布里从此不平凡。正如1958年毛泽东主席所说：高阳我晓得，高阳有个李石曾。1976年始，布里村小学民办教师王章书耗时三年的时间，足迹遍及河北、河南、湖南、江苏、四川等8个省市，查询健在的老华工、老勤工俭学生及其亲属、子女，自费调查和搜集留法勤工俭学的文物资料，先后获得布里留法工艺学校学生用过的法文教材、实习工具、作业本、词

↓ 学生参观布里留法工艺学校

典、图纸、照片、毕业证、
出国证件等文物350多件，
以及布里留法工艺学校建校
的呈请、批件、试办简章、
教职员名录、学生名单、校
史、保定育德中学附设留法
高等工艺班学生贺果日记

↑ 校内学生锻炼身体情景效果图

（其中有毛泽东、蔡和森来保定的活动情况）、部分当年留法勤工俭学生和有关人士的回忆录等，为再现留法勤工俭学运动作出重要贡献。

1981年5月，高阳举办留法勤工俭学运动文物资料展览，同年8月，在中国革命历史博物馆再次展览，引起了党史、新闻、教育等各界人士的关注并给予较高评价。为进一步扩大影响，经国家文物局批准，先后在当年留法勤工俭学生较多的河北、广东、湖南、四川、江苏、上海等地举办留法勤工俭学运动文物资料巡回展览，最后参展的文物和资料保存在保定留法勤工俭学纪念馆。这在国内尚属首次，当年勤工俭学的李维汉、何长工、傅钟、肖三、李卓然等为展览题词，中共中央组织部副部长杨士杰赞誉："展览填补了党史空白。"

孙岳与北京政变

孙岳，字禹行，别号莽仓行者，高阳县西庄村人，历任第十五混成旅旅长兼大名镇守使、国民军副司令兼第三军军长、直隶省督军兼省长。1911年，辛亥革命推翻了清朝统治，但革命成果却被

↑ 中华民国陆军上将孙岳

袁世凯窃夺，从此军阀割据，连年混战，国无宁日。袁世凯死后，军阀各派系之间为争夺权力，矛盾重重，斗争十分激烈。

1923年10月5日，曹锟经过贿选当上总统。1924年"北京政变"发生时，孙岳因被疑为革命党人，受到吴佩孚的猜忌和排斥，兵权被削，职务不得提升，几度沉浮，颇不得志。为了推翻不得民心的曹锟、吴佩孚政权，孙岳联合同样被吴佩孚猜忌的冯玉祥，将曹锟囚禁，史称"北京政变"。"北京政变"的成功，受到南方革命党人的欢迎。孙中山为此发电致贺："义旗聿举，大憝肃清，诸兄功在国家，同深庆幸，建设大计，即欲决定。拟即日北上，与诸兄晤商。"

↓ 孙岳雕像

韩世昌回乡义演

韩世昌，清光绪二十四年（1898）二月十六出生在高阳河西村。添丁进口本是喜庆事，但作为父亲的韩玉琢却是愁容满面。原来韩玉琢已有三个儿子和一个女儿，靠仅有的3亩地生活。韩玉琢累死累活地扛长工、打短工，还很难养活一家人，又添了张吃饭的嘴，他怎会不犯愁呢！韩玉琢和妻子商量，怕养不活这刚生下的孩子，要把他扔掉。没提防这话被女儿听见了，女儿听爹妈说要把刚生下来的小弟

↑ 昆曲大王韩世昌（左）与梅兰芳切磋演技

弟扔掉，可急了。她死死抱住小弟弟，央求爹妈留下。望着泪流满面的女儿，听着刚刚来到人世间儿子的哭声，做爹妈的心软了。孩子毕竟是爹娘的心头肉啊！这个韩家的新生儿总算没被遗弃。新生儿在韩家的兄弟排行第四，就起名叫四儿。小四儿饥一顿，饱一顿，就像苦碱地里的一株野草，根弱，叶涩，又被碱沙压埋，却顽强地活了下来。家里实在没法过活，大哥只身远走包头谋生，二哥在高阳城里一家烧饼铺里当学徒，三哥也去一有钱人家做杂役。小四儿已11岁了，他见爹和三个哥哥都设法谋生，自己也得谋生路啊。高阳一带有很多的北方昆曲戏班，恰好这时，村里的庆长戏班要外出演戏。小四儿想学戏谋生路，托人向庆长戏班的管事人说，戏班缺少一个跑龙套的小孩，小四儿正

↑ 介绍昆曲大王韩世昌的书籍

↑ 昆曲大王韩世昌戏装照

适合。参加戏班学艺得有个名字啊！村里的一位老秀才为小四儿起名叫韩世昌。从此，险些被父母遗弃的小四儿——韩世昌开始了学戏生涯。

韩世昌勤学苦练，慢慢从龙套熬成了配角，又从配角变为主角，后来由于高超的艺术水准，名声越来越大，逐渐成为誉满京城的名角。1925年，"五卅惨案"发生后，全国各地掀起了支援沪案运动。韩世昌的家乡保定，成立了保定沪案后援会。保定沪案后援会为支援"五卅惨案"受难同胞，到学校、工厂、店铺和农村进行募捐，还组织了沪案后援会演剧团，在大舞台戏院和南关花园戏院义演募捐，邀请在北京的韩世昌回保定演出。韩世昌出于对爱国同胞的关切之情和对帝国主义残害同胞的义愤，慨然应允，他回到保定，在南关花园戏院义演。同韩世昌一起到保定的还有当时著名京剧演员杨菊秋、杨菊芬姐妹俩。杨菊秋是花旦演员，扮相漂亮，表演、唱功俱佳；杨菊芬是女老生演员，称豪于戏曲界，因嗓子响亮，被称"女叫天"。韩世昌和杨氏姐妹义演一周，演出了《思凡》《刺虎》《闹学》《惊梦》《琴挑》等戏目，将义演收入5000余元寄往上海，帮助"五卅惨案"受难同胞。

齐如山慧眼识英才

齐如山，生于1875年。出身书香门第本地望族，父亲齐令辰是晚清翰林，做过李鸿藻大学士的西席，也是李石曾的先生。齐如山的兄长齐竺山曾经与蔡元培等一起留法勤工俭学，在法国开过中国豆腐公司。齐如山幼年受到良好的家庭教育，他广读经史，对流行于家乡的昆山腔、弋阳腔、梆子戏十分喜爱。他19岁进北京同文馆，学习德语和法语。毕业后游学欧洲，学习和考察了欧洲戏剧。辛亥革命后回国，担任京师大学堂和北京女子文理学院的教授。在北京同文馆学习期间，同学们常常约他去看戏，齐如山几乎每个星期天都泡在戏馆里。他痴迷醉心于京剧，看到旧皮黄的一些历史缺点，产生了研究和改革京剧的兴趣。

↑ 齐如山（左）与梅兰芳（中）合影

当时京剧大师梅兰芳崭露头角，齐如山看了梅兰芳的演出大为震惊，认为他天赋过人，很有潜力，可惜梅兰芳在唱功、舞姿、表情三方面还稍显稚嫩，只要有人稍加点拨，将来必成大器。由此，齐如山萌生了协助梅兰芳成名的念头。

1910年前后，梅兰芳和京剧前辈老生经常演出《汾河湾》。戏里演到柳迎春被调戏跑出寒窑，把门用椅子顶住，按照老规矩往椅子上一坐，背对观众一动不动了。下面的戏就是转向寒窑外的薛仁贵，观众集中精力去听那一段西皮就行。这种演出程式流传了很久，从来没有谁提出异议。这一天，舞台上又是演这出《汾河湾》，台下却坐了一位专门挑刺的观众——齐如山。这一年，30

↑ 戏曲艺术家齐如山（右）与梅兰芳
在赴美国演出的轮船上

多岁的齐如山，去过两趟法国，看过不少外国戏，回国后又看了不少中国戏，就喜欢拿外国戏的长处和中国戏的短处相比较。这一回，还真让他抓住了中国戏的"戏漏儿"。齐如山认为，柳迎春始终这么纹丝不动、爱答不理，任凭薛仁贵在寒窑外唱了半天，难道她一句话也听不进耳朵里去？接下来你怎么去开门和夫婿相认呢？有些话如鲠在喉，不吐不快，他一定要帮助这位年轻人。但他当时与梅兰芳还不相识，怎么交流沟通呢？

于是齐如山便写了一封长信给梅兰芳，在信里详细阐明了自己的看法：假使有一个人说他是自己分别十八年的丈夫回来了，自己不相信，叫他叙述身世，这是对他的考核。岂能对方滔滔不绝地诉说着，自己却漠不关心呢？虽说老先生这样教的，但是损坏了剧情，戏剧是永远不允许演员在台上歇着的，何况这一段是全剧的关键，妻子听了丈夫叙述旧情，绝不会无动于衷的，如果要想成为一个大演员，非有改革之心不可。齐如山还在信中把他设想的动作，按照薛仁贵的唱段，逐句写了出来，供梅兰芳参考。

梅兰芳接到齐如山的长信，十分高兴。一是因为齐如山是他仰慕的饱学之士，二是信中的意见切中肯綮，建议合情合理。他深深感激这位学者的垂青和指点。他对自己以前所演的《汾河湾》重新细加审视，根据齐如山的建议和设计，重新编排柳迎春的身段、表情和心理活动。十几天后，梅兰芳再次出演《汾河湾》，推出的便是齐如山设计的新版本。齐如山看了这次演出十分激动。想不到这位风头正健的青年名旦如此虚怀若谷，完全按照他的意见对作品作了认真的修改。

此后，二人密切交往二十余年，齐如山帮梅兰芳排过新戏，也对旧戏改编提出过不少意见。作为梅兰芳的艺术顾问、戏曲编剧，齐如山从服装到唱腔，再到剧情编排，方方面面、事无巨细地提出自己的要求和想法，毫无保留地贡献自己的智慧，是梅兰芳背后名副其实的智囊人物，是梅兰芳戏剧生涯的"贵人"。

盖叫天三拒"堂会戏"

盖叫天（1888—1970），本名张英杰，号燕南，高阳县西演村人，京剧表演艺术大师，工武生，创造了独具一格的京剧"盖派"艺术，风靡大江南北，代表作有《武松》《一箭仇》《洗浮山》《三岔口》等，拍摄电影《盖叫天舞台艺术》。盖叫天少有大志，著名京剧泰斗谭鑫培艺名为"小叫天"，他则为自己取艺名"小小叫天"，因有人取笑讥讽，遂改名"盖叫天"以明心志；成名后长期演出于江南、上海地区。盖叫天唱了一辈子的戏，却没有唱过一出堂会戏。这在梨园行里也被传为美谈。

1923年，盖叫天挟南方演戏的盛名，回到北方唱戏，在北京第一舞台戏

↑ 1960年盖叫天（左二）在高阳北昆戏校辅导学员

院演出。"第一舞台"坐落在前门珠市口大街给孤寺以北，是当时北京最大的戏院，设施讲究，装备豪华，不是名角压不住台面。盖叫天的两出戏《劈山救母》《普陀山》唱炸了台，场面火炽，武打激烈，连歌带舞，观众看得如醉如痴。"第一舞台"天天座无虚席，这时麻烦也来了：养在紫禁城的宣统小皇帝要结婚，重金请盖叫天唱堂会。

盖叫天看不惯这一套：民国好几年了还养着"皇帝"当猴耍，拿着老百姓的银子不当钱。于是一口回绝：本人出道以来，从不唱堂会，给多少钱也不去！这是盖叫天一拒堂会，拒绝的是"皇帝"的请帖。

二拒堂会，拒绝的是当时的民国大总统曹锟之邀请。曹锟贿选成功，终于登上了总统宝座。总统府内大摆宴筵，遍邀名角唱戏庆贺，盖叫天自然也不能例外。但盖叫天听说了曹锟选总统使的是"阴招子"，摆不上台面，自己决不给他去捧场，这次是借口有病推脱了。

三拒堂会，拒绝的是海陆空大元帅张作霖的邀请。那年正赶上张作霖的寿诞，花巨金遍请名角去东北给他唱堂会祝寿，南麒北马关外唐，就差一个唱武戏的盖叫天了。可盖叫天还是两个字：不去！

就这样，盖叫天回绝了三出大堂会戏。一出是"皇帝"的，一出是总统的，一出是海陆空大元帅的。梨园界公认盖叫天是梨园行中的"斗士"。

1934年在上海演出《狮子楼时》，盖叫天从三张高桌上跳下，失足骨折，断腿穿靴而出。他强忍疼痛，金鸡独立，于大幕合上之后才倒地昏迷。后经医治，腿骨错位，虽不碍及行走，但无缘再上舞台。盖叫天为了重返舞台，为求得艺术的精湛，毅然自己砸断断腿重新接骨，留下了中国戏曲界的佳话。

"盖派"京剧艺术极大丰富了传统戏剧的表现力，增强了中国京剧艺术的程式美和造型美，盖叫天晚年著有戏曲艺术专著《粉墨春秋》（盖叫天口述，中国戏剧出版社，1958年版），对自己的表演艺术进行了总结，该书曾三次再版，影响深远。周恩来总理曾赞其："勤学苦练几十年如一日，活到老学到老。"陈毅元帅曾为其题词："燕北真好汉，江南活武松。"田汉曾赋诗称赞："断臂折肢寻常事，练就张家八百枪。"

↓ 盖叫天（右二）在高阳老家

　　高阳红色土壤深厚，从五四运动时期，到全面抗战爆发，高阳人从未放弃过与黑暗世界的抗争。无数先辈抛头颅、洒热血，不畏困难、不怕波折，甚至牺牲了宝贵的生命，也要为同胞们换来光明和希望。正是他们的勇敢和决绝为我们争取来自由，没有他们的牺牲，今日的幸福生活无从谈起，高阳的稳定和发展更不可能实现。

↓ 布里留法工艺学校旧址大门

第四章

红色高阳放异彩

↓布里留法工艺学校旧址

留法勤工俭学运动

　　五四运动前后，中国广大青年在帝国主义、封建军阀的压迫下，目睹国势危亡，为了寻求救国图强，改造社会，追求知识和真理，同时受工读思潮的影响，大批青年投入了留法勤工俭学运动。

　　在运动早期的倡导者中，高阳人李石曾是核心人物。巴黎中国豆腐公司高阳籍工人李广安、张秀波、齐云卿等人，在工余求学的实践中，提出"勤于工作，俭以求学"的主张，受此启发，李石曾、蔡元培等人于1915年6月在巴黎发起成立"留法勤工俭学会"，留法勤工俭学运动由此开始。巴黎中国豆腐公司这批"以工兼学"的工人，实际是中国最早的勤工俭学的学生。

↓ 布里留法工艺学校旧址大门

　　为使赴法青年在出国前掌握简单的法语和粗浅的技艺，留法勤工俭学会先后在中国各地开设留法预备学校（班），高阳布里村留法工艺学校是开设最早的一所，从而使高阳成为留法勤工俭学运动的发祥地。1917年至1919年，先后开办三期，学生来自河北、河南、湖南、湖北、江苏、山东、山西、四川等地，毕业生总计200余名，其中73人赴法勤工俭学，年龄最小的王书堂只有12岁。在这里，师生们得到了俄国十月革命的消息，让闭塞的北方农村第一次知道了俄国十月革命和列宁的名字，在高阳播下了革命的星星之火。

　　在五四运动前夕的留法勤工俭学运动中，主要是青年知识分子去西方寻找国家、民族和个人的出路，借以实现"实业救国""教育救国"的理想。五四运动以后，留法勤工俭学运动的内容发生了重大变化。在俄国十月革命影响下，涌现出一批具有

↓ 布里留法工艺学校旧址

共产主义思想的知识分子，他们学习和宣传马克思主义，研究俄国十月革命经验，主张彻底改造中国社会。以蔡和森、赵世炎、周恩来为代表的一批中国早期共产主义者的出现，旅欧中国共产主义党团组织的诞生，是留法勤工俭学运动的积极成果。五四运动后的留法勤工俭学运动，给有志改造中国的青年提供了探寻真理、寻求民族解放的条件。

在高阳，留法勤工俭学运动也为该县造就了许多栋梁之材。高阳人周世昌，1918年进入布里留法工艺学校就读，次年3月赴法；

↑ 巴黎中国豆腐公司

在法期间加入中国共产党，在旅欧支部负责人周恩来领导下从事革命工作；1923年2月，受旅欧支部派遣，赴苏联劳动大学深造；归国后曾担任中华人民共和国外交部交际处副处长。马致远，留法勤工俭学时，经周恩来介绍加入中国共产党，抗战爆发后，他在家乡投入抗日救亡运动，并领导组建高阳抗日总动员委员会，在艰苦卓绝的对敌斗争中，他积极宣传抗日民族统一战线政策，为巩固党对抗日斗争的领导权做了大量工作，1940年壮烈牺牲。还有著名华侨王守义、段秉鲁，归侨胡玉树、著名工程光学专家马士修，都是在留法勤工俭学运动中涌现出的佼佼者。

佟麟阁打响全面抗战第一枪

　　佟麟阁，字捷三，高阳边家务村人，自幼勤奋读书，立有大志。青年时，经人介绍在高阳县公署当缮写员。1912年，在国家处于内忧外患之际，他毅然投笔从军，在冯玉祥部下历任连长、营长、团长、旅长等职。1927年驻军天水，任陇南镇守使。1928年10月，任国民党第三十师师长。中原大战爆发后，任新编第一军军长兼第二十师师长，参加反蒋阵线。1929年任第二十九军教导团团长兼张家口警备司令。冯玉祥等在张家口组织察哈尔民主抗日同盟军，发动察北抗战，佟麟阁任同盟军军事委员会常务委员，第一军军长，察哈尔省省长。其间，他积极与吉鸿昌、方振武配合作

↓ 抗日英雄佟麟阁雕像

战，收复康保、宝昌、沽源、多伦等失地，重创日军。同盟军失败后，退居北平香山。"何梅协议"后，宋哲元为加强对军队的管理，再三敦请佟麟阁出山任职，二十九军各师长联名相邀。佟麟阁在华北危机日重之际，于1936年任国民党第二十九军军长。他在天津、保定等地招收大批青年学生入伍，组成抗日军训团，他兼任团长，在南苑进行军训。他向青年学生进行保家卫国的教育，宣传抗日救国的思想，提出"要为民族生存而战斗，为国家荣誉而献身"。

当日军悍然向卢沟桥中国守军进攻，炮轰宛平城时，佟麟阁果断命令部队奋起抵抗，打响全面抗日战争第一枪。中国共产党向全国发表抗战宣言，给二十九军以极大的鼓舞。佟麟阁召开全军将

↓ 佟麟阁雕像

校会议，会上他慷慨陈词："日寇消灭中国是其根本目的，中国人只有一条出路，就是抗战！日寇阴谋侵占平津，吞并华北，吾辈首当其冲，战死者光荣，偷生者耻辱！荣辱系一人者轻，而系于国家民族者重。国家多难，军人当马革裹尸，以死报国！"次日下午，战况急转，日军占领龙王庙和平汉路东段。佟麟阁闻报，随即命令官兵："要坚决抵抗，卢沟桥即为我等之坟墓，应与大桥共存亡。"7月25日，佟麟阁与宋哲元共商战事，下令成立北平城防司令部，佟麟阁为平南指挥官。

佟麟阁奉命坚守南苑。当时，其父在北平城内患重病，但战事瞬息万变，不能须臾离开，他便挥泪给妻子彭静智捎去书信道："大敌当前，此移孝作忠之时，我不能亲奉汤药，请夫人代供子职！"部署闻之无不感动落泪，纷纷表示愿随将军奋勇杀敌。7月28日早晨，日军集中两个机械化混成旅，配有轰炸机30架，向驻守南苑的第二十九军卫队旅、军官教导队、学生军训团发动猛攻。午后，佟麟阁奉命向大红门集中，凭借地形与日军苦战。在指挥右翼部队向敌人突击时，佟麟阁腿部被日军机枪击中，部下劝其退后裹伤，他说："大红门失守，全局被动，事急如此，我不能临阵而退。"仍带伤指挥作战，与敌人舍命拼杀。日军地面进攻遭到重创，遂派飞机狂轰滥炸。佟麟阁又头部中弹，与师长赵登禹一同壮烈殉国。7月31日，国民政府追任他为陆军上将。抗战胜利后，北平人民把南沟沿路改为佟麟阁路。1979年，北京市人民政府拨专款修葺佟麟阁将军墓。

孟庆山组建河北游击军

卢沟桥事变之后，冀中很快被日军占领。各县虽相继组织了规模不等的抗日武装，但是缺少有经验的军事指挥人才。党中央非常关注冀中的形势，派红军团长孟庆山从延安到冀中，配合保定地方党组织发展武装力量，创建抗日根据地。孟庆山是蠡县万安村人（蠡县曾一度属高阳管辖），生于贫苦农民家庭。12岁即当长工，18岁到天津当扛脚工人，因打死了工头，到冯玉祥部当兵，任连长、营长。后所部改编为国民革命军第26路军。1931年12月14日，在赵博生、董振堂领导下于江西宁都起义，从此加入中国工农红军。1934年，参加了二万五千里长征。土地革命战争时期，任红一军团第三军八师二十四团副团长，中央军委教导第四团团长，红三军团干部队队长，红十五军团七十五师二二四团参谋长。1935年，加入中国共产党。到达陕北后，进抗大学习。

全面抗战爆发后，毛泽东同志根据敌我形势，审时度势，果断组织一批在延安抗大学习的红军干部提前进入即将沦陷的河北、山西等地开辟抗日根据地。当时正在抗大二期学习的红军团长孟庆山就是在这时被派往冀中平原的。出发前，毛泽东、博古、李富春等中央领导亲自找孟庆山谈话，交代党中央战略意图，毛泽东指示孟庆山：现在全面抗战已经开始，中央派你们到敌后去发动群众，开展游击战争，这就要你们把学校中学的东西到实践中去运用，这项任务是很艰巨的。毛泽东还特别提醒：要完成这项任务，必须学会搞统一战线，利用一切可以利用的条件和力量一致抗日，要学会依靠群众，要灵活掌握中央政策。孟庆山铭记毛主席的指示，在进行了必要的化装和准备后，他带领其他六位红军干部离开延安，向敌后国统区进发，过黄河渡口风陵渡由陕西进入山西。到太原后，他立即找到有公开合法身份的中共北方局领导薄一波、杨尚昆和北方局军委书记朱瑞，传达了中共中央关于时局的指示，进一步了解华北前线的战局。北方局领导留下了其他六位红军干部充实到当地抗日队伍中，孟庆山按党中央和北方局的指示继续向前。在太原到石家庄的火车

↑ 孟庆山将军

上，他见到了去保定前线视察的周恩来和彭德怀，他们分别就开辟敌后抗日根据地、建立民族统一战线和游击战术等问题向他作了进一步指示。

孟庆山肩负着党中央、毛主席的重托，日夜兼程，朝目的地冀中进发。沿途与国民党军、警特展开机智的周旋，摆脱了他们的跟踪、盘问和抓捕，在克服了重重困难之后，孟庆山终于在1937年8月5日保定失守前安全抵达白洋淀，同保东特委取得联系，自此开始了冀中抗日根据地的开创工作。1937年10月，中共保属特委与保南特委合并，组成中共保属省委，孟庆山任军委主席。在任丘、高阳、蠡县、安新、清苑等地组织抗日武装，开办游击战争训练班4期，共培训干部200余名，由孟庆山亲自任教培训了一批开展军事斗争的骨干，分赴各县发动群众，组织游击队，成为创建冀中抗日根据地的一批骨干力量。以保属特委领导的抗日义勇军为基础

↑ 1946年时任冀中军区副司令员的
孟庆山

的队伍不断扩大，于1937年12月在高阳县正式定名为河北游击军，孟庆山任司令员。他率领河北游击军消灭土匪武装，巩固根据地。在各界爱国军民的支持之下，冀中地区建立起20多个县的抗日政府，河北游击军发展为3个师、12路军、3个直属团、1个游击师，共67000多人，号称"十万大军"，分布在18万平方公里的冀中平原上。河北游击军在战斗中不断发展壮大，在大庄战斗、三台战斗、臧家湾战斗、八里桥阻击战之中，给侵华日军以重创。日军为实现"以战养战"的阴谋，抽调日伪军企图从南北两面打通平大公路，把冀中分割成东西两半，缩小抗日武装的回旋余地。孟庆山得知敌人的企图后，当即召开党委会，作出决定：抽出部分部队，节节阻击南来之敌；集中绝大部分的兵力，打掉北面不抗日的地方武装，解除后顾之忧；集中优势力量，消灭从南进犯之敌。这种利用有利地形，正面阻击、两翼包抄的战术，给侵华日军以沉重打击。1938年4月，河北游击军和人民自卫军合编为八路军第三纵队，同时成立冀中军区，吕正操任司令，孟庆山任副司令。纵队下辖4个支队，每个支队下辖4个团。此后，孟庆山领导冀中人民开展"破路"和"拆城"斗争，参加了"百团大战"和冀中抗日根据地反"扫荡"战役，为开辟和扩大抗日根据地作出重要贡献。

高蠡暴动

"九一八事变"后，民族危机日益加深。高蠡一带社会动荡，加上水灾旱患连年不断，农民生活困苦不堪。国民党政府的苛捐杂税、地主豪绅的残酷盘剥，更置人民于水深火热之中。此时，中共党组织在本地迅速发展，人民的反抗情绪日益高涨。

1932年8月23日，中共河北省委为贯彻中共中央北方局扩大会议关于创建北方苏区和红军，开展农民游击战争的指示，派河北省委军委书记湘农到保定主持召开了有蠡县、高阳县、定县、完县县委书记列席参加

↑ 高蠡暴动烈士

的党团特委联席会议，讨论了高蠡暴动的形势和具体计划。

8月23日的保定特委党团联席会议后，特委委员们分赴斗争第一线，团特委白坚、保定特委书记黎亚克和姚春荣留在保定主持全面工作。

8月25日，河北省委军委书记湘农和保定特委贾臣一起到蠡县宋家庄，召开了有高阳县委、蠡县特派员、省委特派员等人参加的紧急会议，决定28日一早分三个区行动。可是26日，宋洛曙没有和湘农等打招呼，就开始提前收枪。他的提前行动，打破了原来决定8月28日暴动的计划。河北省委军委书记湘农决定提前行动，改为27日举行武装暴动。

8月27日，高蠡暴动先从蠡县宋家庄发起。这一天，红军游击队到处张贴保属革命委员会第一号布告，将游击队的十大纲领公布于众，极大地鼓舞了高蠡一带广大被压迫的农民。暴动喜讯竞相传播，游击队的士气更为高涨。宋洛曙带领十几名游击队员在宋家庄收缴长短枪12支。这时蠡县林堡村的游击队也来到宋家庄集合，兵分两路，分别在博野县的吴王庄缴获步枪5支，在清苑县的李家庄缴获步枪1支。中午，两路队伍在吴王庄集合，途经杨马庄和孙庄赶赴林堡村，缴获地主6支枪。当游击队进攻林堡村大地主齐墨林家时，进行了一场激烈的战斗，地主武装占据高房顶，居高临下，向游击队射击。游击队则分为两个小队，第一小队直接进攻大地主齐墨林家，双方战斗十分激烈。游击队第二小队抓住了该村村长，大地主被逼出来调停，拿出了4支枪作为交换村长的条件。到晚间，游击队宿营宋家庄，各处集合来的总共50人左右，一日缴获长枪23支、盒子枪2支、勃朗宁枪1支，连同游击队原有的两支盒子枪，游击队共有长短枪28支。至此，暴动队伍正式编为河北红军游击队第一支队第三大队。

8月28日，刚成立的红军游击队在湘农和宋洛曙的领导下，继续在宋家庄一带发动群众，收缴枪支，壮大队伍。同时，团特委的王义顺作为特派员在南玉田村跟田胜德、王凤斋一起做暴动的发动工作，也组织起了60多人的游击队，并有了6支长枪、1支短枪，还有特委从保定运来的1挺山西造的冲锋枪，成立了红军游击队第一支队第二大队。此时暴动影响逐步扩大，民众无不欢欣鼓舞。附近群众纷纷参加红军游击队。第二、三大队红军游击队队员迅速发展到150多人，枪50多支。

8月30日，第二、三大队的队伍浩浩荡荡，东渡潴龙河，向高阳县域东南区进军，与高阳第一大队汇合，攻打北辛庄。高阳县东南区，系高阳县与蠡县、肃宁、河间的结合部，国民党公安分局和保卫团就盘踞在北辛庄。这一带我党的工作也比较活跃，西演、北辛庄、庞家佐、利家口、小团丁、南辛庄、河西村等20多个村庄都建立了党组织。为举行暴动，他们提前做了准备工作：高东区委的蔡泮林打入了敌区公所当了文书；王涛打入保卫团发展了12名党员，掌握了部分武器；张树荣在北辛庄公安分局当了文书；蔡书林在庞家佐小学当小学教员，监视敌人的行动。

这天，队伍途经蠡县王家营及高阳的大兴庄、北归还、庞家佐，一路上打土豪、斗地主，给当地群众分粮、分衣，枪毙罪大恶极的地主恶霸。强大的革命风暴席卷高蠡大地。队伍到达庞家佐村时，隐蔽在这里教书的高阳东南区区委书记蔡书林冒雨迎接第二、三大队，向湘农、贾一臣、宋洛曙等汇报了北辛庄公安分局和保卫团的情况，提出趁敌人没有发觉游击队到来的机会，立刻袭击敌人。下午，由蔡书林做向导，挑选了16名游击队员担任前锋，冒雨奔袭北辛庄之敌。

这里敌人的武装力量虽然较强，但由于我地下党员早已打入敌人内部，对敌人的情况了如指掌，当我们的队伍一到这里，地下党员蔡士平、张树荣、王涛、张信、梁祥等同志在内部瓦解敌人，造成里应外合之势。这天正下着雨，北辛庄公安分局连门卫也没有，一枪也没放，数分钟便被占领。接着解决了村东保卫团，共缴获40支枪，扣押了公安分局局长穆荣华，抓获了区长王峙北。这天晚上，湘农主持召开了紧急会议，会上宣布建立地方苏维埃政府，湘农任主席，宋洛曙任副主席。同时整编队伍，正式成立河北红军游击队第一支队，湘农任支队长，宋洛曙任副支队长，下设三个大队，共有300余人，长短枪120多支，支队部和苏维埃政府设在北辛庄高小院内，门前悬挂起镰刀锤头的大红旗，红旗上书有"全世界无产阶级和被压迫的民族联合起来"和"河北红军游击队第一支队本部"字样。各大队也都挂起了红旗，游击队队员们为了表示与敌人奋斗到底的决心，脖子都系上了作为标志的红带，叫作牺牲带。

8月31日，第三大队留守北辛庄，第一、二大队去西演、北柳庄、安庄等村动员和组织群众，打土豪、斗恶霸。西演是一个拥有几百户人家的大集镇，这天正是集日，红军游击队到这里斗了八家地主，打了一个官盐店，逮捕了几个豪绅，把粮食、衣服、盐分给

↓ 史国良国画《高蠡暴动》（局部）

穷苦农民，当时配合行动的群众达四五千人。在群众的欢呼声中，成立了革命委员会、土地分配委员会、赤卫队、劳动童子团、少年先锋队。人们纷纷要求参加红军游击队。

下午2时，湘农在游击队驻地北辛庄召开由队长、政治委员参加的会议。此时，敌人的骑兵突然包围了游击队驻地，用机枪封锁了大门口。在这紧急关头，蔡书林立即抢占了驻地大门洞顶上的小更楼，向敌人射击，击毙敌人两名士兵，打伤一名排长，迫使敌人稍稍后退。宋洛曙在院内带领部分游击队员，以墙垣为掩护，变换着位置阻击敌人，同时组织突围。红军游击队的徐合、张玉生、张玉堂带领队员，跳墙冲向正在射击的敌人，边冲边喊，打开一个缺口，大队从这里往外冲。湘农见情况紧急，枪毙了北辛庄公安分局局长穆荣华，击伤区长王峙北，然后带领一部分游击队员冲出包围圈。敌人冲进院内时，宋洛曙还在带领队员向敌人射击，直至英勇牺牲。游击队突围后，在更楼上的蔡书林一个人仍然坚守阵地，直到打完最后一颗子弹，光荣战死。恼羞成怒的敌人残酷地用铡刀铡下他的头，高悬在树上。经过两小时的战斗，游击队员牺牲17人、被捕9人。高蠡暴动经过5天的激烈战斗，共牺牲47人，游击队被打散。至9月4日，高蠡暴动失败。

高蠡暴动失败后，反动当局在高阳、蠡县、博野、清苑、安新及保定市等地开始了大搜捕和大屠杀，白色恐怖笼罩着保定大地。

残暴的敌人将战斗中牺牲的蔡书林、宋洛曙等4位同志的人头带到莘桥等地悬首示众，以恐吓民众。反动当局为了彻底摧毁革命力量，由河北省国民党政府下令通缉抓捕参加过暴动的人员，残害暴动者的家属。保定特委书记黎亚克、高阳县委书记翟树功和特委赵志远、团特委马永龄等被捕杀害。很多革命者被迫背井离乡。反动政府和地主豪绅还对烈士家属子女斩草除根，所有烈士遗孀所生男孩一律处死。在白色恐怖下，高阳、蠡县、博野等地革命一时处于低潮。但是高蠡暴动的伟大历史意义却是十分深远的。高蠡暴动也是著名长篇小说《红旗谱》的原型素材之一。

为纪念高蠡暴动牺牲的烈士，1946年2月，在高阳县北辛庄村东为烈士修墓立碑。1957年，在北辛庄村南建造殉难烈士纪念塔。1978年，对烈士纪念塔进行修缮，正式命名为辛庄烈士陵园。1981年将烈士墓移入陵园。2005年4月，通过高阳县党员自愿捐款和社会捐助，筹集资金60余万元，对陵园进行整修。2006年5月，高蠡暴动革命烈士纪念塔修缮工程完工，新建了纪念馆、休息室、停车场，并对塔内外壁画、展板、碑文进行整理，搜集了暴动时用过的刀、枪、旗帜，以及有关的照片、文件等，辛庄烈士陵园面貌为之一新。整修后的陵园占地总面积21000平方米，建筑

↓ 高蠡暴动纪念馆

面积335平方米；四周筑有围墙，南面有大门，中间矗立着三层的高蠡暴动革命烈士纪念塔，北部建有圆丘形烈士墓，塔、墓之间立有三角碑亭；水泥栏墙的甬道把塔、亭、墓连成一体。高蠡暴动革命烈士纪念塔为八棱三层砖木结构，塔身外径9.3米，高16米，塔顶装有大型红色五角星，塔基铺有132平方米的平台，设有四步台阶和八角花墙；塔内底层设有碑亭，亭中立有三块纪念碑，分别刻着当年就义的17名烈士的英名和主要领导人宋洛曙、蔡书林两位烈士的传记；墙壁展板上有高蠡暴动的简述、行动路线和烈士群芳录；塔的第二、第三层有反映暴动背景和过程的彩色连环壁画。纪念塔北部的烈士墓为圆丘形钢筋水泥结构，直径4.5米，高2米，葬有17

↑ 高蠡暴动革命烈士纪念塔

↑ 高蠡暴动纪念馆中的红军井

名烈士的遗骨。辛庄烈士陵园被列为河北省重点纪念建筑物保护单位。

2009年，高蠡暴动纪念馆被确定为河北省爱国主义教育基地。2017年1月，国家发改委发布了《全国红色旅游经典景区名录》，高蠡暴动纪念馆入选。

吕正操率部攻占高阳城

抗日战争全面爆发后，吕正操率部奔赴抗战前线。1937年9月15日至10月11日，先后在华北地区永定河、半壁店、梅花镇与日军进行了3次激战。在梅花镇战斗中，691团以较小代价，击毙击伤日军700多人，这是侵华日军在河北省域内首次遭受重创，有力地打击了日本侵略者的嚣张气焰。1937年10月14日，吕正操在晋县小樵镇主持召开了决定部队前途命运的全团官兵代表会议，决定691团脱离东北军，改编为人民自卫军，他担任司令员，并在所属各总队都建立了党组织，部队成为一支在中国共产党领导下的人民武装。

在中国共产党的领导下，人民自卫军在抗日斗争中屡建奇功。1937年10月底，在地方党组织和抗日武装的支持下，吕正操率领人民自卫军攻克高阳县城，击毙土匪汉奸头子尹松山，震动了整个冀中地区。吕正操领导人民自卫军以高阳为中心，开展抗日活动。中共保东特委进驻县城，于南街开设抗日救亡训练班，许多中共党员、知识分子、地方武装参与其中，人民群众抗日情绪空前高涨，出现了踊跃参军的热潮，人民自卫军迅速发展壮大到5000多人。为了把这支革命队伍带好，吕正操与晋察冀军区取得联系，请求带领人民自卫军接受整训，学习八路军的好传统、好作风和开展抗日斗争的经验。1938年4月，根据晋察冀军区命令，人民自卫军与河北游击队等冀中抗日军队统一整编为八路军第三纵队，成立冀中军区，吕正操任冀中军区司令员兼八路军第三纵队司令员。

八路军120师进驻高阳

1938年10月，武汉失守后，抗日战争进入相持阶段。日军将重要兵力转向我敌后战场，加紧对抗日根据地的进攻。日军进攻的重点是华北，冀中平原首当其冲，成为日寇进攻的主要目标之一。八路军120师为贯彻中共中央六届六中全会确定的开展独立自主的游击战争，巩固华北，发展华中抗日根据地的战略方针，遵照中央军委关于巩固冀中、帮助八路军第三纵队和壮大自己等三项任务的指示，由师长贺龙、政委关向应率领，于1938年12月22日离开山西岚县，挺进冀中，1939年1月25日在高阳县东部的惠伯口、大王果庄（二村于1940年划归任丘）与冀中八路军第三纵队胜利会师，并迅速派出兵力向高阳的河西村、庞家佐、贾家务一带进行布防。自此，120师开始了转战冀中平原的战斗历程。为隐蔽部队的动向和意图，120师对外代号称"亚洲部"。

冀中抗日根据地地处河北省中部，位于平汉、北宁、津浦铁路之间，南跨沧（县）石（家庄）公路，迫近日军的华北大本营北平，直接威胁着三大铁路以及敌人占据的保定、石家庄、天津及沧县等重要据点，并和晋察冀北岳区及冀鲁边区形成对平汉、津浦两线的夹击，它像一把锋利的尖刀，插在敌人的心脏。日本侵略者为了确保华北，由华中调来大批兵力，从1938年11月至1939年1月24日，对冀中区进行了两次围攻，大部分县城被敌人占领，冀中抗日根据地形势十分严峻。在这关键时刻，贺龙率120师跨越平汉路，穿过敌据点，突破封锁线，来到冀中平原，极大鼓舞了艰苦抗战的冀中抗日军民，坚定了抗战胜利的信心。1939年2月14日，120师和冀中区召开联席会议。组建了冀中区军政委员会和冀中区总指挥部，加强了对冀中区的统一领导。1939年2月下旬，为便于领导和指挥对日作战，120师主力和冀中区领导机关从高阳向南转移到肃宁县，一部分兵力仍驻扎在高阳。

120师到达冀中后，短期内解决了由山区转入平原战场带来的不适应等问题，很快掌握了平原作战的特点、规律，取得了坚持平原游击战争的宝贵经验，以村庄和坚固房屋为依托，争取有利作战条件，灵活运用游击战的战略战术，主动、灵活、出其不意地打击敌

↓ 1938年春，冀中区第一次行政会议闭幕典礼合影，前排左一为高阳县抗日民主政府县长李子寿

人。根据不同敌情，广泛开展游击战、伏击战、袭击战、村落战、运动战、歼灭战，集中作战的主力兵团和分散活动的游击队配合战斗，采取各种形式，抓住一切有利战机，不断消灭敌人的有生力量。与冀中军区部队一起连续打破了日军的第三、第四、第五次围攻。先后发起曹庄战斗、齐会战役、陈庄战斗等，重创日军主力，威震华北。尤其是齐会战役后，中共中央机关报《新中华报》发表社论，庆祝齐会战役的重大胜利，称贺龙"是抗日前线的民族英雄"。蒋介石也发来慰勉电，称"贺师长杀敌致果，奋不顾身，殊堪嘉奖"。在120师协助下，冀中区抗日武装迅速平息了柴恩波在国民党顽固派策动下发动的叛变和张荫梧挑起的国共摩擦，沉重打击了国民党顽固派反共投降的阴谋活动，保卫了冀中抗日根据地。其间，伟大的国际主义战士白求恩大夫也来到冀中，他曾把战地手术室设在高阳东南部的农村，不分昼夜为伤员进行手术和治疗。

在冀中，120师司令部、政治部共举办游击干部训练班3期，参谋训练班1期，锄奸干部训练班1期，政治指导员训练班2期，敌工干部训练班1期，为三纵队培训干部411名。同时，冀中区党委根据中共中央关于"冀中党组织应以极大力量帮助扩大120师"的指示，将冀中军区独立四支队、独立五支队、津南自卫军、独立六支队共9000多人拨归120师建制。120师在帮助冀中军区整军的同时，还积极参加根据地的建设。冀中区党委根据军政委员会决定，于1939年3月上旬召开区党委扩大会议，作出"进一步发动群众，推行民主和改善民生斗争"的决定。120师政治部抽调干部组成地方工作团，和冀中各级党委组成的工作团一道，帮助开展这项工作。120师工作团还协助地方进行民主选举，初步改造区、村政权，保证了党对基层政权的领导，使冀中根据地党的工作、政权工作、群众工作取得显著成就，为根据地的坚持、发展、巩固打下了坚实的基础。

1939年8月，120师奉命陆续离开冀中，移至晋察冀边区行唐、灵寿地区整训待命。1939年1月到8月，120师在冀中战斗了8个月，圆满地完成了党中央赋予的巩固冀中、帮助三纵队和扩大自己的三项任务，对打击日军、鼓舞人民、稳定局势、巩固冀中、坚定人民抗战胜利信心起了决定性作用。老八路的光荣传统和优良作风，英勇顽强、不怕牺牲的战斗精神，给冀中军民留下了深刻的印象。贺龙师长的名字和他那传奇般的故事，在冀中平原有口皆碑，广为传颂。120师挺进冀中所取得的丰硕成果及建立的丰功伟绩，已载入史册，永远铭记在冀中人民心中。

↓ 抗日战争时期（大约1943年）高阳县抗日民主政府县长、县武装大队大队长续树伟（后排中）与战友在一起（图片提供：续铁标）

南于八战斗痛歼日寇

1938年1月14日，驻防蠡县的人民自卫军第二团派出两个营袭击了日军石桥据点，与日军展开了激烈的巷战，重创敌人后，人民自卫军第二团团部和第二营进驻南于八村，第三营进驻北于八村。

16日拂晓，驻高阳县城的日军板垣师团四十二联队第三中队出动100余人，在中队长旱田丹治带领下对人民自卫军进行报复，从东、南、西三面对南于八村实施了包围。

当时的南于八村周围沟壕纵横，易守难攻。村东天然沟壕有二十丈宽，中间有一个三亩大的孤岛，岛上是片梨园，日寇从这里开始部署兵力。梨园往北是通往路台营的深沟，深沟北侧是边家场，沟口外有一个大土岗，正挡着道，是作战的好阵地，日寇一门迫击炮就设在这里。正南是通往（蠡县）北

↑ 高阳县伪公署大门

辛庄的道口，沟西坡上的边家坟有茂密的大柏树，这里是日寇的指挥部。沟的西侧是孙家坟，坟地也有很多大柏树，敌人之一部在这里也部署了兵力。此外，敌人在村西道沟有利的地形内部署了一门迫击炮、七挺轻重机枪。

拂晓时敌人发起进攻。日军首先在东街口外偷袭人民自卫军的哨兵，然后利用夜幕作掩护向村里摸来。执行巡逻任务的人民自卫军七连连长曹振亭和青年农民刘福兴及时发现敌情，鸣枪报警。

团长于权伸立即发出战斗命令，顿时枪声大作，将突袭的敌人逼出了村外。

日军的迫击炮、机关枪疯狂射击，日寇从东、南、西三面同时向南于八村猛冲。村东南角有一个排水沟，没有寨墙，是个大豁口，一群日寇从这个豁口冲进来，分为两股：一股顺沟壕从冰上进入南北大街，人民自卫军指挥战斗的团部副官魏凯臣指挥在三官庙、奶奶庙架设的两挺机枪同时向敌人猛烈射击，打退了这股敌人；另一股日军顺沟壕东边往北越过梁家场，冲进了梁家街，两旁房顶上的人民自卫军居高临下，把手榴弹甩向敌群，敌人丢下几具尸体仓皇后撤，逃出大豁口，隐蔽在沟壕内。

↑ 人民自卫军第二团设于南于八村的指挥部大门

由本村农民张老化领路，人民自卫军战士们选择了一个有利位置，在墙上挖开一个大窟窿，透过这个窟窿向日军射击，沟壕里的敌人和战马纷纷倒地。二营营长杨书明和团部副官魏凯臣指挥三官庙和奶奶庙的人民自卫军，用机枪和手榴弹大量杀伤敌人。机枪连连长谢洪恩指挥四挺机枪，在村南房顶上把敌人压制到了村外的开阔地里。

同时，驻北于八村的二营四连战士们从村西冲过去，阻击了从李家坟出来的敌人，五、六连从村东绕到敌后，堵住了南路台道口。驻古灵山人民自卫军独立营也赶来参战，包围了孙家坟的日军。驻潘家营村的刘秉彦率人民自卫军一部从蠡县北辛庄截断了日

军的退路。蠡县抗日游击队第五小队也加入战斗。战斗过程中，南
于八村及周围村庄的村民积极支援部队作战，为战士送来了烙饼、
鸡蛋，青壮年们为军队助威。日寇陷入了人民战争的汪洋大海之
中。傍晚，人民自卫军吹响进攻号角，全面出击，里外夹攻，把
一百多日寇消灭在南于八村周围的沟壕和坟地里，只有几个趁天黑
逃回高阳县城。

南于八战斗是冀中抗日军民痛歼日军的第一个硬仗，打破了
"日军不可战胜"的神话。此次战斗消灭日军116名，俘敌7名，
中队长旱田丹治被击毙；缴获掷弹筒一个，机枪一挺，步枪70余
支。南于八战斗成了萦绕在日寇心头挥之不去的噩梦，直至抗战胜
利，日寇再也没敢踏入南于八村。

↓ 人民自卫军第二团设于南于八村的指挥部驻地

粉碎日寇"新国民运动"

继1939年8月日寇制造了冀中大水灾、1942年"五一大扫荡"后，日寇又想出了旷古未闻的毒辣手段"新国民运动"（即"反共誓约"），侵华日军以所谓"建设华北，完成大东亚战争；剿灭共产党，肃正思想；确保农业生产，降低物价；革新生活，安定民生"为目标，由日本华北方面军司令部直接指挥，抽调特务团第30分队的50名特务骨干分子，在华北方面军情报主任山崎和助手恒尾率领下，组成"示范队"，强力推行所谓"新国民运动"。日寇的"新国民运动"计划，主要针对抗日军民的鱼水关系，以所谓"筑堤拦水，淘水捉鱼"为手段，达到离间之目的。日军炮制的"新国民运动"的主要做法是：把群众召集在一起，强迫背诵"反共誓约"。其誓词有六条："一、皇军及中国军警到达村落时，村民决不逃避；二、皇军和中国军警问话时决无虚伪之陈述；三、今后绝对拒绝八路军及其军政机关所要求的一切破坏行为；四、绝对迅速提供所得的确实情报；五、严守回心条例及布告等，决不违犯；六、以上各条如有违犯，任何处罚情愿甘受其苦。"日寇要求每个人都要背熟这个"誓约"，并要求立即照办，检举共产党、八路军及抗日分子。凡是背不过的、不检举的和表示不满的人，就不是"东亚解放的新国民"，就要立即受处罚。"新国民运动"的推行过程，就是日本侵略者对中国人民惨绝人寰大屠杀的过程。日寇用活埋、毒打、刺刀刺死、指挥刀砍死、洋狗咬死、饿死等法西斯手段，妄图以此征服高阳人民。

　　1943年8月23日，山崎和恒尾在驻地日军和伪军的配合下，分别到任丘、高阳各村示范。恒尾在高阳县李果庄强制群众跪地背"反共誓约"，背不过的，就用刺刀逼着扒房沿，谁掉下来就杀谁。村民齐亭章等4人掉下来，恒尾狂叫着，用指挥刀把4个人的头颅砍下，他还把鼻子凑到刀上嗅一嗅。恒尾在东良淀村用刀枪逼着老百姓背誓约。村民王书年双目怒视敌人，就是不背。恒尾要活埋他。

↑ 1943年，日寇在高阳、任丘一带推行的"新国民运动"中，残杀抗日军民

王书年赤手空拳去夺恒尾的指挥刀，被砍掉了右手，又用左手去夺。恒尾慌张地掏出手枪射击，王书年壮烈牺牲。

　　屠杀并没有吓倒高阳人民。山崎、恒尾一计不成又生一计，诱逼任丘和高阳两县16岁至45岁的男性青壮年到县城参加"反共誓约大会"，妄图用更加残忍的手段令两县人民屈服。10月14日，高阳县"反共誓约大会"的会场设在城隍庙大院，房上架着机枪，周围站满了端着刺刀的宪兵，台上摆着12口铡刀。恒尾手持木棍，天天到院内来检查，看谁不顺眼就把谁按倒一顿毒打，3天内有300余人被打得头破血流。在山崎宣布实施"饿死法"的10月22日傍晚，高阳南路台村的王林子、何大兴、翟章饿急了，以为怎么也是死，乘敌不备跳墙逃跑，结果被抓回。恒尾指使日本兵将他们吊打了一夜。第二天，恒尾来了，当众把已被打得快死去的王林子，用指挥刀大开膛，掏出心肝肠子，喂他的洋狗。接着把其他两人枪杀。同时威吓说："谁要跑，一样一样的！"死亡并没有吓倒有骨气的高阳人民，有数十人冒死弄开大梢门逃出。其中有3人被敌人发现堵回屋内。恒尾拽出北路台村18岁的李小牛，恶狠狠地将刺刀刺入李小牛的前胸，李小牛没有倒下，愤怒地呼喊："乡亲们，这就是当亡国奴的下场！谁能出去，要报仇，打日本！"后又被连刺数刀，英勇牺牲。

在断粮断水两三天后，被关押的老百姓开始吃野草、树叶、树皮、衣服里的棉絮，喝草帽接的雨水，甚至自己的尿。断粮断水的第七天，被关押的群众成片晕倒，有些人因饥饿而死亡。日寇用尽了伎俩，要群众说出八路军的武器弹药、粮食、文件藏在什么地方，但是得到的只有假情报，搜到的仅有应付敌人的破鸟枪。因为饥渴，被关押在县城城隍庙大院参加"反共誓约大会"的群众，死亡的人一天比一天多。山崎决定从高阳、任丘两县挑出3500多名年轻人送进"感化院"，其他老弱病残陆续放了出来。受难的群众被亲人抬着、搀扶着离开县城。高阳县被关押的群众当场死亡35人，回家后不久死亡98人。一时间，村村戴孝，处处哭声，成了发丧的世界。被胁迫去"感化院"的人，没有一个人被"感化"，后来在抗日军民的帮助下，全部逃了出来，大部分人参加了八路军。

此后，日寇更加惨无人道。11月28日，恒尾带领驻高阳县的日伪军，先在南坎苇、庞口、杨庄等村屠杀了11人，并让三四十名男女青壮年脱光衣服，用凉水往身上浇，并说："为了让你们背过誓约六条，先浇浇你们，让你们清清头！"随后，恒尾和驻旧城日军小队长山井便开始逼问群众："谁是共产党干部？"张玉见无人答声，鬼子要动手杀人，便站出来说："我知道！"山井问他："干部名册和武器文件藏在什么地方？"张玉愤怒地回答："要命有命，别的什么也没有！"山井一刀砍下张玉的头，看看

↑ 八路军游击队战前动员

刀刃崩了一块，他狰狞地说："好硬的骨头，还得试试！"随后又砍了张中元的头。敌人到庞口村时，边开"反共誓约大会"，边挖埋人坑，先活埋了程老九，接着又指问群众谁是干部、谁是共产党员？第一个被指问的是王合，王合气愤地指着敌人说："共产党员、干部我死也不说，他们还得活着，埋你们这些狗强盗！"恒尾气炸了肺，又指问了6个人，都异口同声地回答："不知道！"被问的人全被活埋。活埋李文成时，敌人逼着他的父亲李湘江亲手埋了自己的儿子！在短短的几个月里，恒尾在驻高阳日军尤马中队配合下，践踏了高阳县内160个村庄，到处烧杀抢掠，无恶不作。许多村庄变成了饥饿之乡，死亡之乡。

到1944年年初，这场由侵华日军统帅冈村宁次谋划、日本特务山崎一手操纵的"新国民运动"历时5个月，共屠杀高阳、任丘抗日民众853人，打残1900多人，烧毁民房4300多间。

为粉碎日寇的"反共誓约"阴谋，高阳县、区游击队自1943年11月至次年3月，先后主动发起对日伪军作战27次，在抗日武装连续沉重地打击下，最终使日寇"新国民运动"彻底失败。

　　高阳人民勤劳智慧，在生活中大胆发挥想象力，总结生活经验，渐渐形成了富有特色的民俗文化。其中有千百年来流传下来的生活习惯，有代代传承的民间技艺，这些都是珍贵的非物质文化遗产，是人们必须珍视的文化资源。传统民间文化未必能够迎合当下的生活潮流，有的习俗与技艺甚至渐渐被时代"淘汰"，但追寻其曾经的印迹，就是寻找一代又一代高阳人对于生活的美好向往和无限希望。

↓ 水润高阳

第五章

民俗技艺永留存

↓ 舞龙比赛

年节习俗

腊八节

农历腊月初八，早饭家家喝腊八粥。粥以大米、小米、秫米及各种豆类、红枣等八种合煮而成。旧时，饭前抹粥于门上以祭"门神"，今无流传。高阳俗有腊八"灶筒冒烟，粮囤冒尖"之说，故人们争相早起煮粥，以祈来年丰收。

祭灶日

腊月二十三，为"祭灶"日，旧时俗敬"灶王爷"，奉之为"一家之主"，供其像于灶橱上。民间认为，是日"灶王归天，向

↓ 腊八粥

玉帝报告一家人的善恶，以定赏罚"。故民间置香火、糖糕（俗称"糖瓜"），为其祭饯，使之"上天言好事"。此俗民间至今沿袭。

"燎新"与守岁

除夕那天傍晚，高阳人携谷草上坟"燎新"，意取燎净墓上荒草，与洒扫庭除、除旧布新意同。入夜，家家包"隔夜饺子"，而后阖家团聚守岁。随着电视机普及，全家人观看文艺节目。午夜燃放鞭炮，迎新春伊始，爆竹之声远近相闻。是日夜，家家夜不熄灯，迷信认为可避鬼邪。随着手机的普及，亲朋好友在午夜时，互发短信、微信，同贺新春。一些富裕家庭，举家到饭店吃年夜饭，不再拘于守岁旧制。

↑ "燎新"

过大年

新年伊始，俗称"大年初一"，是日家家五更即起，男女老幼更着新衣，饭前先"敬神祭祖"，燃放鞭炮。天亮后，邻里三五成群，登门互拜，俗称"拜年"，借此融洽邻里关系，表达敬老心意。随着手机普及，短信、微信拜年渐成风气。历年春节为军烈属、五保

↑ 过大年

户贴对联、举办茶话会，在城乡均沿已成俗。

"破五"

正月初五，俗称"破五"，是高阳历史悠久的传统节日之一。因民间认为大年初一前后的诸多禁忌过此日皆可破而得名。由于这一天承载了人们太多的希望与憧憬，所以古时这一天的禁忌特别多，至今仍沿袭在这一天必须吃饺子、不能用生米做饭等。是日以后，开始各种劳动，备耕生产，传统意义上的"年歇"就要结束了。

↑ "打春"

"打春"

立春日，高阳俗称"打春"。是日前，剪红纸葫芦贴于门窗，剪红布葫芦缝于幼儿衣帽上，迷信认为可祛病避灾。"打春"时刻，家家燃放鞭炮，人人离床而起，据说："打春不离床，一年病快快。"

烤百病

正月十六日晚，儿童捡柴于村头十字路口点燃，烘烤全身。传说此时用火一烤，百病全消。据考自汉代成俗，沿袭至今，此俗多为幼童嬉戏，成人参与者少。

↑ 烤百病

打囤

正月二十五日为打囤节，人们鸡鸣即起，于院内以草木灰布圈，放五谷于正中，以砖压之；而后在圈内点燃鞭炮，俗称"崩囤"。据说灰圈崩破，五谷崩于圈外，则预示是年五谷丰登，粮食满囤。农村实行分田到户后，粮食紧缺已成历史，故民间对此不再隆重对待，仅是欲图吉利而为之。

↑ 打囤

二月二，吃煎饼

二月初二，民间以为是龙欲升天开始活动的日子，且此后冬眠万物始渐复苏，农耕开始。出于龙能降雨或生财的观念，故有祭祀活动。是日黎明，民间早起担水入室，祈望风调雨顺；或认为"龙能生财"，俗称龙为"钱龙"，故早起担水"引龙入室"，以示生财之愿。今各村均使用自来水，担水改为打水。乡间有"二月二拍炕头，金银财宝往家流"的民谣。是日早饭，家家多吃煎饼。传统认为吃其他饭食，于一年生活不吉利。如今时代变了，人们渐渐也不再固守旧俗，但"二月二，吃煎饼"仍是高阳的民俗特色。

清明节

清明节是高阳自古沿袭的祭祀节日。届时，各家上坟烧纸以祭祀祖先，并在坟上培添新土。旧时，大姓家族有"族会"在清明时节举行，全族汇聚，祭奠祖先，聚餐一天，俗称"吃会"，今此俗已废。现在，每年清明节，机关、学校等单位有组织地到烈士陵园举行扫墓活动，缅怀先烈，寄托哀思，铭记历史。

端午节

俗称"五月端午"。旧时端午节，各家插艾叶于门窗，迷信认为可祛邪避灾；儿童系五彩线于手腕，名"长命缕"。中午各家吃粽子。1991年以来，除吃粽子外，其他习俗已不多见。自2008年始，机关及企事业单位于是日休假一天。

七月十五中元节

七月十五日为中元节，在高阳是祭祀日。是日，家家祭坟，焚纸钱以祀祖先。民间俗有"七月十五嚎丧，八月十五填嗓"之说。至今传承。

十月寒衣节

十月初一，高阳俗称"寒衣节"。此时，气候渐寒皆着棉衣，迷信者恐先人在地下挨冻，故上坟烧五彩纸，谓之"送寒衣"。至今沿袭。

婚丧嫁娶习俗

丧葬习俗

高阳治丧过程，在移风易俗中得以简化和改造。从停尸、入殓、出殡到三七、百七上坟烧纸，孝子孝女戴孝，亲朋好友吊祭，烧车马、送盘缠，一如旧时规矩。至亲亡故后，守孝三年，三年内不贴对联、春节不走亲拜年，以寄托对逝者的哀思与怀念。20世纪90年代后，看风水、选坟地、修墓树碑，渐成风气。亲者丧，主丧者找管事、拉关系、搭灵棚、请鼓乐，务求排场阔气。随着生活观念的变化，许多现代化因素掺入旧俗之中，焚烧纸钱送车马时，为慰藉亡者灵魂，亦焚烧纸糊的彩电、冰箱、汽车、摩托车，甚至还有纸制手机、电脑等。治丧时，请歌舞团演出，灵棚内哭声一片，灵棚外歌舞喧阗。旧时送殡，帮忙者抬灵，孝子列队，而今灵棺多以车载，不再人抬。出殡时灵棺上覆以棺罩。

婚嫁习俗

旧时，高阳男女完婚，礼数颇多，最主要的程序有说媒、订婚、下书、迎娶等。媒人在过去是一个重要角色。在男女两家对婚事取得基本一致的意见之后，媒人要引导男方去相亲，代双方送换庚帖，带领男方过礼订婚，选择成亲吉日，引导男方接亲，协办拜堂成亲事宜，一直到"新人进了洞房"，才把"媒人抛过墙"。媒说得好，双方都满意，以后常来常往，成为故旧；媒说得不好，双方不满意，往往归咎于媒人，从此成为路人。因此有"不做中，不做保，不做媒人三代好"的俗语。20世纪90年代后，男女成亲多为自由恋爱，媒人的居间作用逐渐减弱。在民间，男女订婚仍要请人看属相、拆八字，遇有属相不合者，其婚事告吹，但多数年轻人相信科学，尊重感情，摒弃旧时观念，有情人终成眷属。下书，旧时称为下聘礼，礼物一般是布料、衣服之类，现在下书"礼"越来越大，且改为现金，由几百元增至数万元，其钱数皆有6或8，寓意婚姻顺利、家业发达。1991年至今，嫁妆种类渐增，且追求高档次、名品牌。婚前，男女双方一起选购嫁妆，由商家直接送至男方家中，多数乡村以前的"送嫁妆"之俗，不沿而废。移风易俗中本已简化的迎亲、娶亲仪式，均又恢复如前，迎亲车队日渐庞大，

↓ 迎娶新人

所用轿车越来越多，浩浩荡荡，蔚为大观。20世纪80年代前后风行一时的旅行结婚已罕见。即使偶有为之者，旅行回来仍要大操大办。提倡晚婚者较以前有所减少，个别年轻人未到法定婚龄，即有成婚者。乡村举行婚礼，一般在自家庭院内；县城居民多数在饭店举行。无论城乡，婚礼场面追求壮观，多有婚庆公司专业人员主持，气氛热烈。从迎娶新娘、举行婚礼到宴请宾朋，都有专业摄影人员全程录像，并刻录光盘以留永久纪念。

高阳人结婚时还有念喜歌的习俗，从中可了解往时民间婚俗。新郎、新娘拜天地后，有热情好事者为表示庆贺，烘托气氛，自己编词儿，自动登门唱念，声调抑扬顿挫，节奏轻松流畅，如唱诗一般，最后以讨烟酒、喜钱结束。择其常闻者录于后：

新人下轿贵人搀，先登石来后登鞍，跨过火盆拜天地，欢天喜地笑开颜。

抬头看，用目观，大红喜字好新鲜，你喜他喜我也喜，喜气洋洋喜冲天。

屋里瞧，床上看，新人赛过美婵娟，乌黑头发粉红面，柳叶弯眉杏核眼，樱桃小口瓜子脸，上红下绿身上穿。

新娘抿嘴炕头坐，新郎带笑靠炕沿，公公涂成黑包公，婆婆画成三花脸。

我肚子饿口发干，给杯喜酒和香烟，今天让我高兴喽，保你家闺女小子连着添，今儿个让我不满意，我躺在新房睡三天。

生活习俗

秋收后，高阳农村就开始制作日常用品，如笪簾、兜漏笪儿、笤帚等，除自家用外，多余的拿到集市上卖掉，以增加收入。

穿笪簾

↑ 穿笪簾

利用高粱秸秆顶部，掐去穗头，剩余二尺左右的部分，叫作梃杆。将梃杆剥去外衣，内皮光滑而硬，用湿布掠干净，然后，将两根梃杆十字交叉，用针线穿过，拿起一根并于其中用针线穿过，再拿起一根用针线穿过，这样重复固定，一直穿到梃杆长度所限，形成平面，算是半成品；以中心位置为轴，按所需大小沿着边缘画一圆圈，用刀顺着圆圈切去无用部分，一块笪簾算是制作完成了。穿成的笪簾（盖帘）可以盖锅碗盆缸，也可以在上面摆放包好的饺子，晾晒食物。穿兜漏笪儿（盛饽饽用的器具）的步骤与穿笪簾一样，只是穿到一定大小时四边往上翘，形成船状，可盛物品。

刨笤帚

刨笤帚的工具、原材料等都是随地取舍。准备好笤帚的材料高粱穗或黍子穗，沾水打湿，取其中一部分用工具弯成半圆。所用工具就是用一根粗铁丝固定在半圆柳木棍的两头（一头是活的），形似短弓；然后用一根柔软的细钢丝绳，长度与操作者腿长相当，一头儿固定在一个短木棍正中，另一头固定在短弓形工具的铁丝正中。刨笤帚者坐在矮凳上，两腿伸直，短弓形工具套在腰间，木制弓背在腰后，两脚蹬住另一端的短木棍，细钢丝纵向在操作者面前，然后，将细钢丝旋转180°，形成一个交叉圈，把捋顺的一小把高粱穗或黍子穗（按笤帚大小的需要）穿入钢丝圈内。操作者腰部向后撑劲儿，脚向前用力，高粱穗或黍子穗被勒紧，就这样依次捆扎。操作者有固定的操作程式和节律，充满劳动的美感。笤帚成品有粗有细，主要产品有短把笤帚、长把笤帚、扫炕笤帚、炊帚等，是高阳一带民间久负盛名的日用器具和民间工艺品。

↑ 刨笤帚

刷夹纸

妇女们把穿过的破旧衣裤撕扯成不规则的布片。把面粉和水盛在容器内加热搅拌成糨子。然后把糨子刷在平板上，宽一尺，长二尺左右，在上面一层一层地铺上布片，每层布片都要刷匀糨子，厚度需五六层不等。将之整体揭下来贴在向阳的墙上，待到干透揭下来，这就是"夹纸"。夹纸用于制作鞋底。妇女们拿出早已剪成的鞋底样子，铺在夹纸上，用剪子剪下，这样剪下八个，就是一双鞋底的数量，然后就是纳鞋底儿了。

↑ 刷夹纸

箅簾

制作箅簾

兜漏箅儿

兜漏箅儿

制作笤帚

制作笤帚

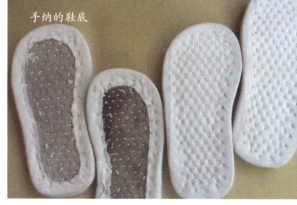

手纳的鞋底

缝制布鞋

非物质文化遗产

延福屯音乐会

延福屯古乐，源自高阳延福屯玄帝观道教音乐。明洪武年间因战乱动荡，玄帝观香火渐稀，终至无续。永乐年间守观道人恐本观音乐失传，将其传授于村民，逐渐形成了延福屯音乐会，至今已有600年的历史。延福屯音乐会演奏形式有两种：一是固定座位演奏（又称坐坛），演奏时围桌而坐，管子居中，两侧是笙，笛子排后，打击乐在一侧，主管起曲；二是游走演奏，演奏时云锣在前，管群其次，笙站管两侧，笛子再次，最后为打击乐。延福屯音乐会除演奏乐曲外，还唱诵经文，唱诵时铛于正中，小鼓、小钹

↓ 高阳延福屯古乐演奏

↑ 高阳延福屯古乐演奏

↑ 高阳延福屯道观保存的古老乐器

↑ 高阳延福屯古乐工尺谱

↑ 高阳延福屯古乐演奏

在两侧，乐手在演奏中遇调高不同的乐曲时即变换指法。唱谱为工尺谱，延福屯音乐会的编制相对固定，一般为云锣两架、管子六支、笙六攒、笛子六支、一鼓、一大钹、一小钹、一铛、一铙和大低音锣，演奏中管为主奏。延福屯音乐会吹奏的乐谱传承至今共有24首，分别为《小二凡》《放驴》《挑袍》《三国赞》《出曹》《礼丰荣》《六月菊》《万年花》《大阿兰》《小阿兰》《沙板》《四季曲》《要账》《大腔》《四上派》《走马》《赶子》《五神佛》《号佛》《沙骆》《八板》《花园》《楼豆棍》《骂王朗》等。延福屯音乐会的传承人由上一代传承人指定（内部称为封赐），传承人必须掌握"四艺"，即管、笛、笙、弦，且有一定组织能力，才有资格成为传承人。2009年6月，高阳延福屯音乐会被列入河北省第三批省级非物质文化遗产名录。2011年10月，延福屯音乐会在河北省文化厅举办的河北省第三届民族器乐大赛中获得组合类金奖。

高阳民间染织技艺

高阳素有"纺织之乡"的美誉。民间染织始于明末，兴于晚清，已有400多年的历史，在中国纺织史和中国近代工业史上占有重要地位。高阳民间染织技艺主要包括纺、染、织、整四大类，以及土布印花、梭织布、提花织布、土漂染等十几个小项。传统的纺织机械有扔梭织布机、拉梭织布机、改良铁轮织布机等。染整器械有土轧光槽、轧光滚、元宝石、锌版印花版（俗称"烂版"）、丝网绢版等。染织产品有窄幅土布（宽1.2尺）、宽幅土布（宽2.2尺）、条格布及印花棉布、麻布、毛巾等。高阳民间染织技艺具有自己一整套纺、染、织、整工艺流程，其产品具有鲜明的民间艺术特色和实用价值。在20世纪30年代，用高阳民间染织技艺生产的纺织品曾占华北地区纺织品产量的三分之一，并出口二十多个国家和地区，"高阳土布"享誉世界。

高阳染布技艺源远流长，特别是草木染，流传在民间乡野，历史久远。高阳草木染因与其他地域的染布技艺在原料、技艺、成品上相区别而显示出独特的魅力。高阳草木染的原料来自大自然。基

↓ 高阳提花织造工艺传承人段惠和她的提花织造产品

高阳民间染织技艺亮相钓鱼台国宾馆

外国友人体验高阳民间染织技艺

高阳民间染织技艺传承人、高阳县非遗保护协会会长田海涛（左一）在讲解高阳民间染织技艺

础染料为蓼蓝和红蓼。在长期的生活实践中，劳动人民发现蓼染料不溶于水，故有较好的着色度。每年秋季，人们把田野上生长的蓼蓝、红蓼收割回家，晾干，在陶器中捣烂，称为"捣靛"。但北方蓼蓝和红蓼生长不多，高阳草木染一代又一代的传人便把田野里的草木，经长期甄选，加以利用，成为当地染布浆色的原料。这些原料包括槐米、乌拉碗（乌桕树的叶子）、高粱帽、板蓝根等，甚至还有红土等矿物质。长期以来，高阳草木染形成了一整套的操作技艺和使用方法。最富代表性的操作技艺便是扎染和蜡染。扎染，就是把待染的布匹通过各种扎结方法扎起来，放入容器内直染。待布匹晾干后，被扎结的地方就形成了花纹与图案。蜡染，与其他区域采用黄蜡作为染布介质的蜡染技艺不同，在高阳的染布作坊和民间蜡染艺人是用农家自制的介质——黄豆面把待染布匹的图案封好，再下锅染色。用草木灰作浆料，染出的布匹质感鲜明，古朴典雅。

高阳民间染织业表现形态多种多样，既有家庭式、作坊式的小型生产模式，也有工厂、布线庄等近代工商业生产模式。高阳民间印染技艺在华北地区甚至全国都占有重要地位，是华北地区优秀的传统文化，是中国传统纺织文化的缩影，是中国乡土经济和文化的重要遗存。2007年，高阳民间染织技艺被列入河北省第一批非物质文化遗产保护项目。

高阳短拳

高阳短拳，又名"高阳绵张拳"，俗称老绵掌、磨盘八卦拳，是高阳一带独有的武术拳种，高阳短拳并不单指武术的拳

法，而且是一种武术类别的简称，包括器
械。高阳短拳的传承可以上溯到清乾隆
十五年（1750），江苏武举人苏风进京赶
考困于高阳县西柳村，被村人所救，后苏
风为感恩报德，在该村授艺教徒。近三百
年来，代有传承，从未间断。高阳短拳拳
法与当地的土传技艺特点相互切磋，互为
影响，形成了十六趟高阳短拳，现仅存八
趟短拳和两套器械技法，八趟短拳分别为

↑ 高阳短拳

绵掌拳法、随手拳法、劈心掌、玉环步、
里外练、含柔鸳鸯掌法、搧跨铁砂掌和贴
靠拳法；两套器械为大刀与双钩。高阳短
拳讲究手形、手法、腿法、步形、步法，
其独有的武术术语主要有撑、崩、削、
刁、搂、耠、挑、劈、砸、搧等。拳手之
间切磋武艺，称为"递手"，其基本功训
练有别于其他各种拳种。高阳短拳在实用
技击与拳法表演中讲究以拙为美，似是而
非，心形合一，崇尚武德，具有中国传统
武术的最典型的文化因子与独特意义。高

↑ 高阳短拳

阳短拳实用性、观赏性、表演性俱佳。近年来，一些高阳短拳的
热心人士纷纷整理资料，开设高阳短拳训练班，使高阳短拳的健
身与文化意义发扬光大。高阳短拳曾涌现出清代拳师刘玉岫、河
北省国术馆顾问史书严、有"京南赛活猴"之称的拳师胡奉元等

↑ 高阳武术

著名武术高手。

高阳武术

　　作为民俗中的一枝奇葩，高阳武术充实、渲染着民俗节日里的气氛，在大小节日里扮演着不可代替的角色，它的表演价值、实用价值、道德规范扎根于乡土文化之中。

↓ 高阳武术名家周彦

高阳武术拳种繁多，有秘宗（燕青）、戳脚、少林、八闪翻、长拳、形意、八卦、太极、短拳等。其中，秘宗、戳脚、少林、八闪翻、长拳的表演性极强，形似龙飞凤舞，且随演随变，使人眼花缭乱，加之鼓乐的配合，气势豪壮，声荡百里；形意、八卦、太极的

↑ 高阳武术爱好者在晨练

表演给人以灵慧，静得沉稳，动得飘逸，动静结合，把人们的心性带入静怡情境。

↓ 高阳民间武术表演

↑ 武术表演——少年中国，表演者张佳浩、田佑、王子健、陈屹涵、陈敬天、乔鹤煊、任子绮、郝锐翔等

↑ 武术表演——三路拳，表演者谢玉博、杨晓漫、程翔、刘天逸等

↑ 武术表演动作——侧空翻，表演者牛许骅、张涵、李佳鳌、韩昊阳等

↑ 武术表演动作——后手翻，表演者白泽昂、董璐杉、马浩然、魏默暄、徐梓皓、霍佳豪、任君洋、王冠等

↑ 竹马道具制作

↑ 从简易的竹马游戏到生动的竹马戏，竹马是人们快乐生活的象征

↑ 竹马戏表演时，演员身挂竹马、脚踩高跷

竹马落子歌舞戏

在高阳一带，冬闲的各村村民经常举行各种各样的花会表演，花会上的"竹马戏"格外吸引人。竹马戏，又叫竹马舞，俗称"跑竹马""竹马落子"，它不仅流行在河北农村，在南方的广东、广西、福建、台湾也有"跑竹马戏"的民间表演形式。

早在宋代，社火中就有了竹马舞的舞蹈形式。到了明代，在阮大铖编写的剧本《双金榜》中，就安排了跑竹马的舞蹈表演。竹马舞，指的是表演者在腰间系上马形道具，分马头和马尾两截，舞蹈起来就仿佛骑在马上，那马一会儿悠然慢行，一会儿疾驰跳跃，边歌边舞，表演极有观赏性。

传统的竹马舞表演大多化装成历史故事中的人物和地方戏中的角色，生、旦、净、末、丑行当齐全；表演者手里的道具大多与马有关，或马鞭，或棍棒，或刀枪剑戟，根据人物身份选定。春节到元宵佳节期间，民间经常在夜间表演竹马舞，在马头和马肚子中安上蜡烛或彩灯，在马脖子处系上五彩串铃，舞起来铃声清脆，灯火辉煌，煞是好看。20世纪八九十年代，乡村的民间花会盛行，逢到新春，闲下来的民间艺人们都忙着用竹劈扎绑成马形骨架，骨架外面糊上五颜六色的绒布，精心设计出马的嘴

↑ 竹马落子《小丫驯马》剧照

巴、耳朵、眼睛、尾巴，而且都能活动自如。等到举行花会的那一天，少则六七匹，多则十几匹竹马，成群结队涌上街头，上演热闹非凡的竹马舞。

传统的竹马戏剧目有《三打祝家庄》《昭君出塞》《状元游街》《杨八姐游春》《千里送京娘》等。载歌载舞的竹马戏也就是高阳人最喜欢看的"竹马落子"。

经过民间艺人不断推陈出新、加工整理，竹马落子更加完整细腻，富于变化，不仅在"跑"字上做文章，还在舞蹈动作、构图、舞台调度、场面变化、音乐伴奏等方面有许多新的发展和创造。1979年，《小丫驯马》竹马落子戏参加文化部主办的国庆三十周年文艺献礼演出，荣获歌舞创作一等奖。戏中利用搓步、跑马步、勒马等舞蹈动作组合，充分表现了人物的思想感情，生动地刻画了一群人小志大、机智勇敢的小驯马手的形象，当桀骜不驯的小烈马把驯马小丫甩出一丈多远时，小丫趁势以二十几个圈旋子和连续摔叉的高难度动作，生动地展现了高阳少年勇敢、顽强的精神风貌。

农业谚语

清明高粱谷雨谷，立夏芝麻小满黍。

枣发芽，种棉花；小满花，不回家。

白露早，寒露迟，秋分麦子正当时。

头伏萝卜二伏菜，三伏有雨多种麦。

去暑找黍，白露割谷。

立夏三天见麦芒，芒种三天见麦茬。

人误地一时，地误人一年。

早黍晚麦，不收莫怪。

逮鱼摸虾，耽误庄稼。

紧种的庄稼，磨蹭的买卖。

立夏麦龇牙，一月就要拔。

一穗两穗，一月入囤。

麦秀风摇，稻秀雨浇。

风扬花，饱塌塌；雨扬花，秕瞎瞎。

立夏麦咧嘴，不能缺了水。

麦旺四月雨，不如下在三月二十几。

寸麦不怕尺水，尺麦却怕寸水。

立夏天气凉，麦子收得强。

高阳布乡谣

老爷儿（太阳）那个一出来，窗户棂子影儿反歪。外头刮着那白毛子风啊，地窖里点着那黑油灯。呱嗒嗒，呱嗒嗒，爹的脑袋上白花花；吱扭扭，吱扭扭，娘的纺车就响一宿。蓝花布，紫花布，爷爷背着上了路，进过京，下过卫，卢沟桥上纳过税。织布机儿，喀咚咚，日夜织布忙不停。趁着农闲来织布，男耕女织有收成。公公添件新棉袄，婆婆穿得暖烘烘。娃娃做件新花褂，妈妈做件新丝绒。

　　洪水来了我不怕，只要不淹没了我的大杠就没啥。蚂蚱来了我不怕，只要不咬坏了咱的大杠就没啥。呱嗒嗒，呱嗒嗒，爹织布，娘纺花。挣了钱，干什么？给我花，烧饼果子大麻花。

↑ 手工缝制棉衣

↓ 整经织布

中国民间
文化遗产
抢救工程
THE PROJECT TO CHINESE
FOLK CULTURAL HERITAGES

SOS

　　高阳风景秀丽，物产丰富。人们在安居乐业的同时，发挥创意，研制出一道又一道风味独特的传统名菜；根据土地与气候环境寻找适宜种植的作物；充分利用独特的矿产支持经济建设；将技术与艺术想象力结合，创造让人眼前一亮的纺织品。高阳人爱生活，也懂生活，以卓越的创造力回馈自然的馈赠，也以丰富的物产名扬四方。

↓ 大美高阳

物阜民丰安乐乡

风味独特的传统名菜

李石头熟食三珍

李石头熟食三珍制作技艺，有文字记载的传承已经延续四代。第一代传承人李更子，他从前人手里承接下了熟食三珍的全套手艺，并把它发扬光大。李更子给自己的儿子起名为李石头，把自家的独门美食技艺命名为李石头熟食三珍。李更子的儿子李石头子承父业，他扩大了李石头熟食三珍的经营品种和经营范围，秘制的熟食三珍猪蹄、乳鸽、烧鸡系列食品，成为当地的招牌菜。在莘桥和周边地域，流传着这样的俗语：没有李石头熟食三珍，不成席面。高阳作为一个富甲一方的纺织之乡，人员往来密集，商贸活

↓ 李石头烧鸡

动频繁，客商们大都选择在莘桥萃华楼饭店作为最体面、最高档的宴饮场所，而客商们必点的一道菜，就是李石头熟食三珍。寒来暑往，不少的客商和外地人都会给家人捎一份李石头熟食三珍作礼物。织高阳小土布，吃李石头熟食三珍，成为一个时期当地的时尚。久而久之，李石头熟食三珍声名远播，被人称作"京南一味"。

↑ 售卖李石头烧鸡

莘桥田家开山鸡

莘桥田家开山鸡，又名田家烧鸡。莘桥，古称殷桥，据《高阳县志》载，殷桥村为唐代开国功臣殷开山后裔所建，后逐渐演变为莘桥。传说，殷开山当年也曾在殷桥村隐居。唐太宗李世民思念开国功臣，前来殷桥村探望。殷开山以殷桥村人自制的土鸡相招待。土鸡烤制、熏醋色香味俱佳，李世民品尝过后赞不绝口，当场将之命名为"开山鸡"。于是殷桥开山鸡始得流传。后来，殷姓人移居别处，莘桥村土著田姓居民传承了殷开山后裔的烧鸡制作工艺，历经千百年工艺完善、秘制配方，

↑ 莘桥田家烧鸡成品包装

↑ 河北省非遗保护项目——莘桥田家
开山鸡中的祭祀用鸡

终于成为冀中一带享有盛名的地方名吃，与德州扒鸡齐名，人称其口味"盖京南"。

锅包肘

锅包肘是享誉高阳一带的传统名菜，外焦里嫩，香酥可口，肥而不腻，便于携带，如配上大葱、面酱食用，更是别有风味，至今已有140余年的历史。它的创始人是高阳籍的名厨王老昆。王老昆，高阳县赵官佐村人，在高阳县城开饭店为生，后为清宫御厨。清朝时期，保定府是历次举子进京赶考的门户和临试苦读的最后一站。家境富裕的考生往往自带食品，所

↑ 莘桥田家开山鸡传承人展示成品

↓ 锅包肘

带的一些酱肉、肘子连汤带水，吃着油腻、携带不便。高阳县的厨师便想办法改进制作工艺，发明了锅包肘。此菜选上等猪肘，洗净去毛，带皮上锅，煮到九成熟时出锅，去骨，淋蛋清、勾芡后入油锅炸成金黄色，出锅切段即完成。这道菜一问世就大受欢迎，成为举子们从保定进京必带的一种食品。后因此菜有美容养颜的功效传入宫廷，成为备受帝王后妃青睐的一道名菜，据传深得慈禧太后喜欢，每当她吃了这道菜，都品评赞赏一番，还特意请来高阳籍的名厨王老昆到御膳房专做此菜，并令王老昆培训一名制作锅包肘的高徒，以防此技失传。王老昆70岁告老还乡后，在保定专做此菜。高阳南街的一条龙饭店传承了整套的锅包肘古法制作技艺，并坚持挖掘高阳饮食特色菜——勺拌里脊、老味辣子鸡等技艺，以"高阳一条龙商帮菜系"为名申报了非物质文化遗产保护项目，进一步丰富了地域饮食文化内涵。2018年9月10日，"中国菜"正式发布，"锅包肘"被评为"中国菜"河北十大经典名菜之一。

名优特产

高阳麻山药

麻山药是高阳特产，相比于一般山药，麻山药口感更好，营养更丰富，药用价值更高。

高阳水系丰富，且拥有大片沙壤，地理、气候环境非常适合麻山药的生长，出产的麻山药个头大、产量高，是很多地区比不了的。麻山药具有药用和食用价值，受众广泛，同时易于种植，前期投资小，生长周期短，产量高，回报率高，消费者也都认可麻山药的药用、食用价值，因此，麻山药具有非常好的发展前景。高阳县委、县政府也正是看准了这一点，鼓励农户种植麻山药，出台有利

↓ 高阳麻山药

政策，积极解决种植、销售等难题，帮助农户走上自主致富的道路。

矿产资源

高阳石油资源丰富，油井数量超350眼，原油年产量超24万吨。地热总储藏面积约1007平方公里，总蕴量相当于10.44亿吨标准煤，被誉为华北地热之冠。丰富的能源储量不仅对高阳自身工业的发展具有重要价值，也将为京津冀协同发展贡献力量。

现代纺织文化产品

高阳纺织企业把传统纺织业与现代文化创意相结合，在纺织品中融入文化元素，开发出纺织文化产品，颠覆了传统纺织品的物质属性，实现了传统纺织品的转型。永亮公司在开发纺织文化产品方面最有代表性。自2012年以来，先后推出"直隶巾礼·汉麻织锦系列""福文化系列毛巾""十二生肖个性系列毛巾"产品，其中"直隶巾礼·汉麻织锦系列"为文化创意纺织品，用传统的土纺织技术，结合先进的电子经编技艺，使用中国

↑ 高阳麻山药

↑ 高阳田野里的油井

↑ 汉麻织锦《乾隆御题棉花图》

最古老的麻纺和绢丝为原材料打造，其以历史文化为表现内容，系列产品包括《乾隆御题棉花图》《清明上河图》《保定古靴城图》《古莲花池十二景》《红梅报春图》《康熙题"龙飞""福寿"图》等，被评为"直隶新八珍"之一，以及"保定旅游推荐纪念品"，并获"河北省旅游文化产品金奖"。2013年12月20日，永亮公司把汉麻织锦《乾隆御题棉花图》捐赠给保定直隶总督署博物馆收藏；2014年5月19日，永亮公司将汉麻织锦《莲池行宫十二景》赠给保定古莲花池。2015年5月19日，在纪念抗日战争胜利70周年系列活动中，汉麻织锦产品入驻河北特产文化馆。

↓ 汉麻织锦《乾隆御题棉花图》

后 记

　　《中国历史文化名城·河北高阳》一书，终于画上了句号，望着积久成帙的书稿，头脑中一直萦绕着一个问题：高阳人何以为高阳人！这似乎是一个简单而又明了的哲学论断，但当你认真而又执着地叩问历史时，你才明白这几乎是一个让你皓首穷经的庞大课题。是责任，还是使命的安排，当我们把全部身心融进已经远去的唐时故郡宋时关时，当我们回首把目光投向改革开放四十年的辉煌岁月时，才知道自己走进了怎样一座浩瀚的历史宫殿。有过困惑，有过迟疑，但更多的是披荆斩棘般的执着与激情。多少个日日夜夜，我们像一只掘地的蚯蚓，一点一点向璀璨的历史纵深掘进。高阳自建县至今，已有2200余年的历史。千百年来，高阳人在这片古老的土地上繁衍生息。从刀耕火种，结绳记事，到今天的繁荣昌盛，国富民强，一代代高阳人付出了怎样的努力，流下过多少血汗！我们试图通过一篇篇文字、一幅幅图片，去还原那一串串荡气回肠的脚印，唤醒那一段段可歌可泣的历史，从而使今天的高阳人，更加珍爱这方热土，更加努力地建设这片家园。

↑ 龙湖公园

　　高阳自古钟灵毓秀，人杰辈出。纺织之乡、戏曲之乡闻名遐迩，留法勤工俭学运动从这里起步，高蠡暴动在这里爆发。千百年

民间花会竹马

大鼓敲出幸福乐

我和我的祖国主题音乐电视

《抗联之魂》大型全景素描艺术综合体全国巡展走进高阳

布里小学的孩子们在布里留法工艺学校（旧址）共唱《我和我的祖国》

布里留法工艺学校

纺织服装秀

北方昆曲剧院到高阳河西村"寻根"演出

北方昆曲剧院的艺术家们精彩的昆曲演出

来，高阳人凭借自己的勤劳与智慧，谱写了无数可歌可泣的历史篇章。在风雨如磐的旧中国，高阳许多仁人志士，走出家门，迈出国门，去寻求救苦救难的真理，去迎接民族解放的黎明；在如火如荼的改革年代，高阳一批批能工巨匠，矢志图强，锐意进取，撑起高阳经济建设辉煌的天地。然而，岁月如水，往事如烟，那些魂牵梦绕的过往，慢慢淹没在时间的长河里。

《中国历史文化名城·河北高阳》从一个全新的角度，钩沉

↓ 颛顼公园

忆旧，试图把千百年高阳的历史，重新展现在读者面前，它不但揭示了高阳县深厚的文化底蕴，也形象地描摹出高阳人原本的精神风貌。相信《中国历史文化名城·河北高阳》的出版，必将为高阳县的文化建设、经济建设发挥积极作用，为实现高阳县委、县政府建设"家纺名都、卫星新城、生态高阳"的战略构想添砖加瓦。

《中国历史文化名城·河北高阳》编委会

图书在版编目（CIP）数据

中国历史文化名城. 河北高阳 / 中国民间文艺家协会组织编写；
潘鲁生，邱运华总主编.—北京：知识产权出版社,2022.5
（中国历史文化名城·名镇·名村丛书）
ISBN 978-7-5130-8076-7

Ⅰ.①中… Ⅱ.①中… ②潘… ③邱… Ⅲ.①高阳县—概况 Ⅳ.① K928.5

中国版本图书馆 CIP 数据核字（2022）第 030772 号

责任编辑：宋　云　王颖超　　　　　　**责任校对：**王　岩
装帧设计：研美文化　　　　　　　　　**责任印制：**刘译文

中国历史文化名城·名镇·名村丛书

中国历史文化名城·河北高阳

中国民间文艺家协会　组织编写
总　主　编　潘鲁生　邱运华
本卷主编　韩增荣　史克己

出版发行：知识产权出版社 有限责任公司	网　　址：http：// www.ipph.cn
社　　址：北京市海淀区气象路 50 号院	邮　　编：100081
责编电话：010-82000860 转 8388	责编邮箱：songyun@cnipr.com
发行电话：010-82000860 转 8101/8102	发行传真：010-82000893/82005070/82000270
印　　刷：天津市银博印刷集团有限公司	经　　销：新华书店、各大网上书店及相关专业书店
开　　本：720mm×1000mm　1/16	印　　张：12
版　　次：2022 年 5 月第 1 版	印　　次：2022 年 5 月第 1 次印刷
字　　数：150 千字	定　　价：80.00 元

ISBN 978-7-5130-8076-7